EDUCATIONAL COUNSELING

こころの発達によりそう
教育相談

編著 藤田主一｜齋藤雅英｜宇部弘子｜市川優一郎

星野真由美／伊藤令枝／鈴木悠介／藤平和吉
板垣文彦／岡部康成／三村 覚／田中未央
陶山 智／齊藤 崇／亀岡聖朗

福村出版

JCOPY 〈出版者著作権管理機構　委託出版物〉

本書の無断複写は著作権法上での例外を除き禁じられています。複写される場合は，そのつど事前に，出版者著作権管理機構（電話 03-5244-5088，FAX 03-5244-5089，e-mail: info@jcopy.or.jp）の許諾を得てください。

まえがき

　本書『こころの発達によりそう教育相談』は，大学や短期大学の教職課程において「教育相談」を履修する学生のテキストとして，また，実際の教育現場に就いて子どものこころの発達を支えている人，地域において子どもの相談活動に従事している人，現在子育て中の保護者などのための参考書として使用されることを目的としている。子どものこころの課題や問題は，発達段階によって変化していくので，その時期に応じたかかわり方が必要になる。それゆえに，私たちには子どもの発達によりそう相談を求められることも生じてくる。それは乳幼児期の子どもから小学校，中学校，高等学校，大学にいたるまで子どもだけでなく，その子どもたちを取り囲む人びとにまで及ぶものである。

　現代社会は，物質的な豊かさにあふれているが，核家族化や夫婦共働きの進行，少子化，都市化，高度情報化などの問題が増大し，そのしくみは大きく変容している。そのなかで，家庭の教育力や地域社会の機能がともなわず，児童生徒のかかえる問題が多様化，深刻化する傾向もみられる。そのため，保護者と教職員だけでは解決できないことも多く，子どもの状況に応じて専門家によるかかわりが必要となり，きめ細かい見守りと連携を総合的に構築することが求められる。いじめや不登校などの根は，すでに小学校以前にもあることが多く，早期から教育相談のあり方を充実していくことは，悩みや問題をさらに大きくしないという取り組みを促すことになる。こうしたきめ細かな相談は，学校や教職員と児童生徒，保護者の信頼関係を築く基盤となり，地域全体で児童生徒を守り育てる体制づくりにもつながるものである。

　本書は，上記の意図に沿ってとくに学校における「教育相談」の実践に役立つ目的で，「こころの発達」と「よりそう」というキーワードを中心に，各章をわかりやすい記述でまとめている。執筆は，学生を教育している教育者と，教育相談の経験が豊富な方に依頼した。可能な限り最新の研究成果を取り入れたつもりであるが，さらに深い学習を希望する場合には，各章末に掲げた参考図書を活用していただきたい。本書のなかで展開されている「こころの発達」

と，それにともなう課題や具体的な支援方法が現在ならびに将来の視点にたって役立つことができれば幸いである。

　最後に，本書の企画の段階から出版にいたるまで多大なご尽力をいただいた福村出版に心より感謝を捧げる次第である。

2018 年 3 月

編者一同

目　次

まえがき　3

第1章　学校教育における教育相談 ——— 8
第1節　学校における教育相談とは ··················· 8
第2節　教育相談と連携 ························· 12
第3節　教育相談の方法 ························· 15
第4節　教師のメンタルヘルス ····················· 18

第2章　就学前から小学校までの子どもの発達 ——— 20
第1節　子どもの発達に関する基礎知識 ················· 20
第2節　乳幼児期の発達課題と気になる行動 ··············· 25
第3節　小学生の発達課題と気になる行動 ················ 28
第4節　就学前から学童期の子どもを取り巻く環境と支援 ········· 29

第3章　中学校から高等学校までの子どもの発達 ——— 31
第1節　中高生の発達的特徴 ······················ 31
第2節　中高生の時期におけるアイデンティティの確立と発達課題 ··· 33
第3節　中高生の対人関係 ······················· 36
第4節　現代の中高生を取り巻く状況 ·················· 39

第4章　教師が知っておきたい発達障害の理解 ——— 43
第1節　発達障害とは ························· 43
第2節　注意欠如多動性障害（ADHD） ··············· 44
第3節　自閉症スペクトラム（ASD） ················ 48
第4節　限局性学習障害（SLD） ·················· 52
第5節　発達性協調運動障害（DCD） ··············· 53

第5章　教師が知っておきたい発達障害の支援 ——— 55
第1節　インクルーシブ教育 ····················· 55
第2節　発達障害のある児童生徒への支援 ··············· 59

第 3 節　これからの特別支援教育 ・・・・・・・・・・・・・・・・・・・・・・・・・・・・・・・ 63
第 4 節　まとめ ・・ 66

第 6 章　教師が知っておきたい精神疾患の理解と支援 ── 67
第 1 節　精神疾患とは ・・・ 67
第 2 節　精神症状の捉え方と考え方 ・・・・・・・・・・・・・・・・・・・・・・・・・・・ 70
第 3 節　治療と支援 ・・・ 75
第 4 節　精神医学からみた発達障害 ・・・・・・・・・・・・・・・・・・・・・・・・・・・ 78
第 5 節　精神疾患に対する周囲の理解 ・・・・・・・・・・・・・・・・・・・・・・・・・ 80

第 7 章　教育相談にいかすカウンセリングの理論 ── 83
第 1 節　カウンセリングの理論を学ぶ ・・・・・・・・・・・・・・・・・・・・・・・・・ 83
第 2 節　ウィーン学派の心理療法 ・・・・・・・・・・・・・・・・・・・・・・・・・・・・・ 84
第 3 節　来談者中心療法　──心理療法の転換点 ・・・・・・・・・・・・・・ 87
第 4 節　心理療法の折衷的手法 ・・・・・・・・・・・・・・・・・・・・・・・・・・・・・・・ 90

第 8 章　教育相談のためのカウンセリング技法 ── 95
第 1 節　カウンセリング ・・・・・・・・・・・・・・・・・・・・・・・・・・・・・・・・・・・・・・ 95
第 2 節　カウンセリングの実際 ・・・・・・・・・・・・・・・・・・・・・・・・・・・・・・・ 97
第 3 節　カウンセリング技法 ・・・・・・・・・・・・・・・・・・・・・・・・・・・・・・・・・ 99
第 4 節　教育相談とカウンセリング ・・・・・・・・・・・・・・・・・・・・・・・・・・ 103

第 9 章　学校における問題行動の理解と対応 ── 106
第 1 節　問題行動とは ・・・・・・・・・・・・・・・・・・・・・・・・・・・・・・・・・・・・・・・ 106
第 2 節　問題行動の出現状況 ・・・・・・・・・・・・・・・・・・・・・・・・・・・・・・・・・ 109
第 3 節　問題行動の背景と早期発見・対応 ・・・・・・・・・・・・・・・・・・・ 112

第 10 章　学校における不登校の理解と対応 ── 118
第 1 節　不登校の現状 ・・・・・・・・・・・・・・・・・・・・・・・・・・・・・・・・・・・・・・・ 118
第 2 節　不登校への対応 ・・・・・・・・・・・・・・・・・・・・・・・・・・・・・・・・・・・・・ 122
第 3 節　不登校への支援 ・・・・・・・・・・・・・・・・・・・・・・・・・・・・・・・・・・・・・ 126
第 4 節　教育支援センター（適応指導教室）の活用 ・・・・・・・・・・・・ 127

目 次　7

第11章　学校で役立つアセスメントの方法 —— 130
第1節　学校における援助・支援 ・・・・・・・・・・・・・・・・・・・・・・・・・・・・・・ 130
第2節　アセスメントとは何か ・・・・・・・・・・・・・・・・・・・・・・・・・・・・・・・・ 133
第3節　アセスメントの技法 ・・・・・・・・・・・・・・・・・・・・・・・・・・・・・・・・・・ 135
第4節　まとめ ・・・ 139

第12章　スクールカウンセラーの活用と協力 —— 141
第1節　スクールカウンセラーとは ・・・・・・・・・・・・・・・・・・・・・・・・・・・ 141
第2節　SCの資格と専門性 ・・・・・・・・・・・・・・・・・・・・・・・・・・・・・・・・・・・ 143
第3節　学校内での活動内容 ・・・・・・・・・・・・・・・・・・・・・・・・・・・・・・・・・・ 146
第4節　学校内の連携と活用 ・・・・・・・・・・・・・・・・・・・・・・・・・・・・・・・・・・ 147
第5節　ルールづくり，あるいは体制（システム）づくり ・・・・・・・・ 150

第13章　教育相談体制を支える校内連携 —— 153
第1節　学校内の援助資源 ・・・・・・・・・・・・・・・・・・・・・・・・・・・・・・・・・・・・ 153
第2節　チームによる支援 ・・・・・・・・・・・・・・・・・・・・・・・・・・・・・・・・・・・・ 158

第14章　子どもを支えるための保護者との協力と支援 —— 162
第1節　保護者支援の考え方 ・・・・・・・・・・・・・・・・・・・・・・・・・・・・・・・・・・ 162
第2節　さまざまな親子関係 ・・・・・・・・・・・・・・・・・・・・・・・・・・・・・・・・・・ 166
第3節　児童虐待と保護者支援 ・・・・・・・・・・・・・・・・・・・・・・・・・・・・・・・・ 170

第15章　教育相談にかかわる関係機関との連携 —— 173
第1節　連携を図るとき ・・・・・・・・・・・・・・・・・・・・・・・・・・・・・・・・・・・・・・ 173
第2節　主な連携先 ・・ 174
第3節　連携時の留意点 ・・・・・・・・・・・・・・・・・・・・・・・・・・・・・・・・・・・・・・ 182

索引　186

第1章
学校教育における教育相談

第1節　学校における教育相談とは

1　教育相談とは

　教育相談とは，相談を主な手段として，教育に関連する問題や課題をもつ児童生徒を援助する過程である。一般的には，学校あるいは都道府県や市区町村の教育委員会，教育センター付属の教育相談部などの教育関係機関で行う相談をさす。教育委員会や教育センターなどでは，解決に時間が必要な複雑かつ困難な問題をもつ児童生徒を対象とする。そこでは，カウンセリングや心理治療の専門家が相談を行い，児童生徒や保護者だけでなく，担任教師の相談にも応じている。一方，専門家のいない学校での教育相談は教師が行うことになる。そのため，学校で行う教師による教育相談を「学校教育相談」とよんで区別することもある。

2　学校における教育相談
（1）教育相談のあゆみ

　学校教育において教育相談ということばがはじめて用いられたのは，文部省（現文部科学省）が示した1965（昭和40）年の「生徒指導の手びき」である。その後は，1998（平成10）年の教育職員免許法の改正により，生徒指導や教育相談および進路指導に関する科目の充実を目的に，教職に関する科目が増やされ，教育相談にカウンセリングが含まれることになった。2010（平成22）年3月に文部科学省から出された「生徒指導提要」の第5章では，「教育相談は，一人一人の生徒の教育上の問題について，本人又はその親などに，その望ましい在り方を助言することである。その方法としては，1対1の相談活動に限定することなく，すべての教師が生徒に接するあらゆる機会をとらえ，あらゆる

教育活動の実践の中に生かし，教育相談的な配慮をすることが大切である」とされている。

　学校における教育相談は，専門的な技法や知識を身につけた一部の担当教員が取り組んでいた時代から，すべての教師が子どもの悩みに耳を傾け，サポートできるようカウンセリングの基本的な心構えを身につけることを目標とする時代を経て，スクールカウンセラー（SC）などの専門家が外部から導入されるようになった（表1-1）。学校では，外部の専門家はあくまでも援助者であり，教師は専門家ではないが，教師として教育相談を行う。近年では，複雑化する子どもの問題に取り組むために，学校内外との連携や相談体制の構築が求められている。かかわりの対象には，児童生徒のみならず，保護者への支援も含まれる。教育相談を担う教師は，完璧なカウンセラーになる必要はなく，カウンセリング的なかかわりを必要とする子どもを見分ける目をもつことが重要である。

　「問題」とみえる行動の背景には，「自分に目を向けてほしい」「辛さや苦しみをわかってほしい」「心にたまったイライラを受け止めてほしい」など，さまざまな気持ちが隠れていることがある。すべての教師には，その行動の意味を読み取り，児童生徒がことばにしにくくても大切なことや，行動のなかに隠れているわかってもらいたいという気持ちを「みる」力を身につけることが求められる。

（2）学校における教育相談の特徴

　学校における教師が担う教育相談では，日常の学校教育場面で児童生徒と接しながら相談活動を行うことになる。それゆえの長所と限界が生じることとなる。

a　早期発見・早期対応　子どもは1日の多くの時間を学校で過ごしている。そのため，日常の学校生活のなかでみられる表情やしぐさからも児童生徒の変化をうかがい知ることが可能である。とくに，担任が学級および学習指導を一人で担う小学校では，その変化により気がつきやすい。身近にいる教師が子どもの変化を早期発見することにより，問題が大きくなる前に，あるいは問題になる前に，対応や解決が可能になる。

b　学校内のチーム対応　教師の組織はさまざまな立場で構成されている。しか

表 1-1 教育相談の歩み

施行年	法令など	具体的な内容
1965 （昭和 40 年）	「生徒指導の手びき」	学校教育においてはじめて「教育相談」ということばが用いられる
1995 （平成 7 年）	「スクールカウンセラー活用調査研究委託事業」	スクールカウンセラーが専門家として導入される
1998 （平成 10 年）	「教育職員免許法」の改正	生徒指導，教育相談および進路指導に関する科目の充実を目的に時間数が増やされ，教育相談には「カウンセリング」が含められる
2001 （平成 13 年）	「スクールカウンセラー活用事業補助」	5 年間でスクールカウンセラーを中学に全配置することが目標とされる
2008 （平成 20 年 3 月）	「中学校学習指導要領」	教育相談に進路相談が含まれる（平成 22 年 11 月一部改正）
2008 （平成 20 年 7 月）	「中学校学習指導要領解説　特別活動編」	教育相談の定義が示される
2008 （平成 20 年）	「スクールソーシャルワーカー活用事業」	生徒指導の強化を目的としてスクールソーシャルワーカーが導入される
2009 （平成 21 年 3 月）	「児童生徒の教育相談の充実について－生き生きとした子どもを育てる相談体制づくり－」	学校における教育相談の充実について具体的な目標が示される
2010 （平成 22 年 3 月）	「生徒指導提要」	第 5 章に「教育相談」について示される
2013 （平成 25 年）	「いじめ防止対策推進法」	いじめに対する対応の方針とインターネットを通じたいじめを新たにいじめに含むことが示される
2015 （平成 27 年）	「チームとしての学校の在り方と今後の改善方策について（答申）」	中央教育審議会による「チームとしての学校」を実現するための施策が提案される
2016 （平成 28 年）	「不登校児童生徒への支援の在り方について（通知）」	不登校に対する基本的な姿勢が示される
2017 （平成 29 年 3 月）	「学習指導要領」の改訂	「カウンセリング（教育相談含む。）」ということばが用いられる

（出典：筆者作成）

し，小学校では，担任の教師が自分の学級のことは自分一人で何とかしようと，問題をかかえ込むことも多い。そのため，学級のことを外部に話さない傾向がある。しかし，どんなに力や思いがあっても，一人でできることには限りも偏りもある。そのため，多角的に子どもを捉え，幅広い支援をするためには，さまざまな立場の教師が協働し，「チーム学校」としてかかわることが大切である。

c　連携のとりやすさ　学校内での連携は，日常の教師間のかかわりによるとこ

ろも大きい。そのため，日ごろから情報の交換や共有を心がけることができれ
ば，連携もとりやすい。学校外との連携では，専門家の配置により，外部の諸
機関とのかかわりも円滑になっている。主役である子どものことが把握できて
いる教師であれば，早期に問題を発見し，学内外との連携によって，早期解決
につなげることができる。

d　情報の共有　連携において重要なのが情報の共有である。守秘義務や個人
情報の保護といったこともあるが，専門家による個人の心理療法とは違い，学
校における教育相談で大切なのは，「学校内の守秘義務」である。かかわった
関係者のなかで必要に応じて情報を共有し，それ以外にはもらさないという
秘密の保持や共通認識が求められる。しかし，相談のなかで「誰にも言わない
で」と打ち明けた子どもの気持ちを考えることも大切である。子どもによって
は，誰になら話をしてもよいかと確認すると，具体的な対象を教えてくれるこ
ともある。そのため，子どもの気持ちやその訴えも含めて情報を共有すること
が大切である。

（3）教育相談の体制

　教育相談に対する校内体制（組織）は，教育相談部として独立して設けられ
るもの，生徒指導部や保健部などのなかに教育相談係として設けられるもの，
委員会として設置されているものなど，学校の実情に応じてさまざまである。

　生徒指導部に含まれる場合は，生徒指導部には児童生徒のさまざまな問題が
集約され，かかわる教師も多く，教育相談においても他の教師との連携はとり
やすいが，生徒指導の管理・指導的な考えとの区別がつきにくいといった欠点
もある。

　教育相談部として独立していると，教育相談の保護・受容的な考えが生かし
やすく，とくに治療的な相談活動に適しているため，SC の窓口としても機能
しやすい。しかし，相談室中心の活動に陥りやすく，他の教師との情報交換や
連携がしにくくなるため，教育相談部が孤立してしまう危険性がある。

　また，教育相談委員会を専門委員会として独立して設置した場合には，全校
的な共通理解や連携が得やすいが，定期的な会議を開くことが難しく，十分な
活動ができないこともある。

　教育相談を組織的に行うためには，校長のリーダーシップのもと，学校が一

体となって対応することができる校内体制を整備することが重要である。教育相談係は，それぞれの学校の実情により柔軟な対応が考えられるが，コーディネーター役として校内体制の連絡・調整を行うことが必要であり，児童生徒の「心の拠り所」となる専門的な人たちと十分に連携を図りながら行うことが重要である。

（4）学校における教育相談の活動

　学校における教育相談係の具体的な活動は，各学校の実態などにより異なるが，児童生徒の「心」を支えるための校内体制の充実と，教育相談に関する教師の意識および能力の向上がその大きな目標となる。具体的に業務を行うにあたっては，年度始めに教育相談に対する学校としての目標や方針を定め，教職員全員が教育相談の意味や重要性についての共通理解をもつ機会を設けることが大切である。そのためには，教師自身が自分自身のあり方に気がつく機会や児童生徒を捉える観点を学べるような校内研修や事例検討会の企画も重要となる。さらに，教育相談週間を設け，毎学期に児童生徒一人ひとりに対して学級担任やSCによる定期的な教育相談を行うなど，積極的な活動も設ける。校長や教職員の異動により，それまでの学校内外における連携体制やネットワークや教育相談の方針などが変わることも多いが，課題は見直し，優れた点は継続するなど効果的なシステムの構築が望ましい。

第2節　教育相談と連携

1　生徒指導との関係

　生徒指導とは，一人ひとりの児童生徒の人格を尊重し，個性の伸長を図りながら，社会的資質や行動力を高めることをめざして行われる教育活動である。「生徒指導」が児童生徒の発達と個性に合わせた広い領域にわたる教育活動で，問題行動や集団全体の安全に対する指導であるのに対し，倫理・社会・身体・心理の各側面から児童生徒や保護者と個別にかかわり，指導を受けた児童生徒が問題を自分の課題として主体的に捉え，より望ましい解決に向けて，助言・相談を行おうとするのが「教育相談」である。

　「生徒指導提要」では，生徒指導との相違点を「集団ではなく個に焦点が当

てられる点にある」と述べられている。学校現場では，集団で活動したり，ルールを守ったりするなどの適切な行動ができるように指導するのが生徒指導，自分の欲求や思いを整えて，前向きに物事に取り組むことができるように支えるのが教育相談の役割である。生徒指導と教育相談は，それぞれ父性（導き律する）と母性（守り育てる）にあたり，教育の両輪である。児童生徒の状況に合わせて，この父性と母性を臨機応変に使い分けることが必要である。

2　特別支援教育との関係

2014（平成26）年から，特別支援教育における「早期からの教育相談・支援体制構築事業本事業」が開始された。これは，障害のある子どもとその保護者に対する柔軟できめ細かな対応を一貫して行うための支援体制の構築を目標としている。

発達障害は，乳幼児健診から幼児期を過ごすことの多い保育所や幼稚園および認定こども園での集団における行動などから特有の特性がみられる。そのため，保護者は育てにくさを感じたり，トラブルに対処したりしながら子どもを見守り続けるというストレスをかかえている。子ども自身も発達障害の特性をもっていることで，児童期までに日常生活や学校場面でさまざまな不具合が生じ，その積み重ねが思春期以降の問題や課題につながる。不適応を注意したり，正したりする無理解や非難だけでは支えることはできない。そのため，保護者の悩みに寄り添い，子どもの適応行動を支えるための工夫や自分の特性を受容していく支援が必要となる。専門家と協力し，学校全体の理解が得られるようにはたらきかけ，子どもの自信を育む体制を構築し，二次的な障害を防ぐことが大切である。

3　養護教諭との関係

a　養護教諭の役割　養護教諭は，学校に所属しているが教科担当がなく，生徒に対する成績評価をしないため，医学的な知識をもとに身体の不調に耳を傾けてくれる児童生徒にとって特別な存在である。学年が低いほど，心の問題は身体と関連しやすく，腹痛や頭痛といった症状の背景に，心の問題が潜んでいることも少なくない。そのため，身体ケアが本来の任務でありながら，心の問題

を扱う存在として期待される。心身のケアを担う養護教諭は，医療の知識もあり，心の問題に対する意識も高いことから，SC や SSW との連携の中核になることも多い。

b　保健室　学校のなかで特別な空間である保健室の存在も重要である。保健室は，①怪我や病気に対する応急処置，②身体的不調の相談，③投薬や特別な対応が必要な身体疾患へのフォロー，④保健室登校の受け入れなど，さまざまな役割を担っている。また，教室とは違うリラックスできる空間であり，出入りが自由であるために児童生徒も利用に抵抗がない。そのため，児童生徒も授業中や部活動などの日常の学校生活ではみせない表情をみせることも少なくない。保健室で得られる情報は，児童生徒の本質的な理解に有益である。

4　学内の専門家との関係

a　専門家が学校に導入された経緯　現在の教育現場で生じている児童生徒のかかえる問題は多様化し，深刻化している。社会の変容のなかで，家庭の教育力や地域の機能が低下するとともに学校に対する過剰な要求や過大な期待もあり，教師の負担感は増している。このような状況において，教師が多忙な役割をこなしながら児童生徒一人ひとりに丁寧に対処していくことは難しい。そこで，きめ細かく児童生徒を見守ることができるように，学校外の専門家が導入された（表1-2）。

こうして，閉鎖的であった学校は，現在，外部から多職種の専門家を受け入

表 1-2　専門家との協働について

指針	内容
不登校児童生徒への支援の在り方について	①不登校はどの児童生徒にも起こりうることとして捉える ②学校への支援体制や関係機関との連携協力などのネットワークによる支援などを図る ③「問題行動」と判断せず共感的理解と受容の姿勢をもち，児童生徒の社会的自立につなげる
チームとしての学校の在り方と今後の改善方策について	①専門性に基づくチーム体制の構築（チーム体制の構築） ②学校のマネジメント機能の強化（優秀な管理職の確保） ③教職員一人ひとりが力を発揮できる環境の整備（人材育成の充実）
いじめ防止対策推進法	①学校における基本的政策 ②いじめ防止のための専門家を含めた関係者組織の構成 ③いじめを受けた子どもの保護者支援 ④いじめ防止に関する措置を定める

（出典：文部科学省のホームページを参考に作成）

れ，地域と連携し，子どもたちの心を守り育む役割が分化されるようになっている。

b 専門家との連携 専門家はそれぞれの専門領域について詳しく，経験も豊富である。しかし，学校という現場についての特徴や活動方法については，その知識が必ずしも十分であるとはいえない。また，SC は臨床心理学を背景に「心」とかかわることは共通しているが，すべての領域や対象のさまざまな心の問題に対応してきているわけではない。SC によって，子どもより保護者世代とのかかわり方に慣れているとか，精神疾患より発達障害の方が詳しいといった違いがある。SSW においても，学校以外に勤務をしている機関によって職務内容に違いがある。多領域で活動する専門家は外部の専門機関につながりをもっていることも多く，学校と外部機関との連携の担い手としての期待も大きい。

専門家は，教師とは違った専門性と，学校に巻き込まれないまったく違った立ち位置で，問題をかかえる児童生徒を理解できる外部性をもっている。さらに，その資格の専門性だけではなく，個人の専門もある。教育相談係は，窓口となる管理職や養護教諭とも協働し，相談の学内体制を整える役割を担い，専門家が学校という場所でその力を発揮できるように環境調整していく必要がある。限られた時間で来校する専門家と児童生徒や保護者，かかわりに苦慮している担任や教科担当などとを「つなぎ」，日常生活を「保つ」のも教育相談の大切な役割といえよう。

第3節　教育相談の方法

1　教育相談における3つの段階

教育相談には，3つの段階がある。一次的援助である開発的教育相談は，すべての児童生徒を対象とした個人の成長・発達を促進するための援助である。児童生徒の個性や長所を伸ばし，自分を大切にし，より自分らしく行動できるように導くことが教師の役割でもある。その際に，子どもの援助を求めるサインをキャッチし，適切な援助の手を差し伸べることが求められる。

二次的援助である予防的教育相談は，すべての教師が問題をもつ危険性の高

い児童生徒へ行う予防的援助である。この年齢では，なかなか専門機関へ相談しに行こうと思わないので，担任教師や養護教諭だけでなく，教科担当や部活動の顧問など多くの教職員によって，問題を早期に発見することで，支援を行うことが可能となる。このような教師の態度が，問題の悪化を未然に防ぎ，子ども自身の変化や成長を促すきっかけになることもある。そのためには，日常から児童生徒についてよく把握し，普段と異なる行動や態度の変化をみる力が必要となる。

三次的援助は問題解決的教育相談で，専門的な知識のあるカウンセラーや精神科医などが行う，不登校や精神疾患などの深刻な問題をもつ児童生徒への治療的援助である。必要に応じて，医療機関への受診につながることもあるが，その際は，任せきりにしないことが重要である。医療機関には守秘義務があるため，保護者から情報を得ながら，学校としてできることやすべきことを確認しながら連携していく。

2 教育相談の役割

教師は，子どもと接する時間が長く，子どもの行動特徴や学業成績・対人関係から家庭環境まで，子どもとその家族のかかえている葛藤を把握できる立場にいる。そのため，心の問題をかかえている児童生徒だけを対象とするような顕在化した問題への対応だけでなく，問題が重症化しないための早期対応や，問題を生じさせないための予防的なかかわりも含まれる。そのような役割を担っているのが教育相談係である。

教育相談係の担う役割は3つあるといわれている（表1-3）。それは，学校における教育相談の組織づくりをする定着役としての役割（インテグレーター），相談室の運営や研修会の企画など推進役としての役割（プロモーター），スクールカウンセラーの窓口や担任の援助，児童生徒やその保護者に対す

表1-3 教育相談係の役割

役割	内容
インテグレーター（定着役）	児童生徒理解のための事態把握 教育相談の組織づくり 年間計画の作成
プロモーター（推進役）	教育相談室の管理運営 相談室などの施設整備 研修会の開催
カウンセラー（相談役）	スクールカウンセラーとの連携 関係する専門機関との連携と援助 問題をかかえる児童生徒への援助 相談記録の整理と保管

（出典：筆者作成）

る相談役としての役割（カウンセラー）である。

3 教育相談の動向と課題

a 緊急支援 近年，新潟県中越沖地震，岩手・宮城内陸地震，中国・九州北部豪雨などの自然災害や，子どもが犯罪に巻き込まれる事件・事故などが発生している。子どもが災害などに遭遇して強い恐怖や衝撃を受けた場合，その後の成長や発達に大きな障害となることがある。そのため，子どもの心のケアが重要な課題となる。災害や事件・事故発生時におけるストレス症状のある子どもへの対応は，基本的には平常時と同じである。すなわち，健康観察や日常の行動から速やかに子どもの異変に気づき，問題の性質（「早急な対応が必要かどうか」「医療を要するかどうか」など）を見極め，必要に応じて保護者や主治医などと連携を密にとり，教育相談係を中心として，学級担任や養護教諭をはじめ，管理職や専門家も含めた校内組織で連携して組織的に支援にあたることが大切である。

　2014（平成 26）年 3 月に文部科学省が作成した，「子どもの心のケアのために——災害や事件・事故発生時を中心に」は，災害や事件・事故発生時における子どもの心のケア，その体制づくり，危機発生時における健康観察の進め方に加え，対処方法などについて参考事例をとおして理解が深められる構成になっており，具体的にどのように動けばよいのかという指針となる。

b 早期からの教育相談 近年，少年非行の低年齢化や児童虐待の深刻化が懸念されている。しかし，学校でのいじめや不登校が表面化するのは中学校になってからのことが多い。本来，いじめの原因の根はすでに小学校からあり，早期の段階で対応できれば，長期化やトラウマのように深く心に傷として長く残らずに防げるかもしれない。不登校でも，児童生徒の状況が非常に深刻になったり，限界になる前に相談していれば，状況が異なっていたのではないかと思われることもある。また，発達障害の特性があると学校生活においてストレスをかかえやすく，さまざまな不適応が生じやすい。それに対して，適切な援助や相談ができないままで本人がひそかに耐えているというような場合には，二次障害として，いじめや不登校などの問題につながることもある。

　このような状況に対して，早期かつ適切に対応するため，小学校における教

育相談体制の充実を図っていくことが必要である。早期の段階での教育相談を充実させることは，本人の悩みや問題を大きくしないという問題解決の観点だけではなく，心身ともに不安定な中学校段階や，それに続いて自我が形成される高等学校段階における問題行動の増加，多様化に対する生徒指導上の予防的な意義をもつことになる。このような早期からのきめ細かな教育相談は，学校および教師と児童生徒，保護者の信頼関係を構築する基盤となり，地域全体で児童生徒を守り育てる体制づくりにつながる。

第4節　教師のメンタルヘルス

1　教師という仕事の特徴

　教師という仕事は「ここからここまで」と線引きするのが難しく，やろうと思えばいくらでもすることがある。自宅に帰ってからも教材研究をしたり，夜遅くまで保護者からの電話に対応したり，休日を返上して部活動の指導にあたったり，仕事が私生活に食い込むことが少なくない。時間の枠がないことに加えて，かかわった子どもの成長がすぐにあらわれにくく即効性の期待ができなかったり，達成の基準がわかりにくいことが多い。職場では，さまざまな役割を担うため，受け持ちの子どもに問題が起こるとその負担はさらに大きくなり，一人でかかえきれる限界もある。学校として子どもの問題を分け持つだけでなく，保護者や地域，外部機関の専門家などとの協力も必要である。教師自身が悩みを打ち明けられる体制と，協力して取り組める環境が望ましい。

2　教師ならではの心の負担と対応

（1）教師のストレスとバーンアウト

　2015（平成27）年の労働安全衛生法の改正により，労働者が自分のストレス状態を知って早めに対処し，うつなどを予防するために従業員へのストレスチェックの実施が義務づけられた。もちろん，教師も労働者であるため，学校はストレスチェック実施の対象となる。教師にとってのストレスには，子どもとのかかわり，管理職や同僚，保護者や地域住民などとの対人関係に関するものが多くなる。

第1章　学校教育における教育相談　19

　また，教師という仕事は，医療や福祉の専門家と同じように「対人援助職」である。それゆえに，対象者からの反応や評価が満足いくものであれば充実感も得られる。しかし，予期せぬ反応が返ってきたり，いくらやっても周囲から認められないことがあると，仕事への期待が大きいほど失望感を抱いたり，自信を失ったりする。この状態をバーンアウト（燃え尽き）という。バーンアウトに陥ると気力や他者に対する思いやりを失い，心身の健康を損なうこともある。そのため，燃え尽きる前に予防することが大切である。

（2）教師の心を守るために

a　職場のサポート　教師の仕事は，個人に任されて一人で処理するものが多いため，教科指導や学級経営などで悩みや不安を自分でかかえがちである。しかし，昨今の学校現場で生じるさまざまな出来事に対応するには，互いに助け合い協力することが大切である。そのためには，助言や援助を求めたり，愚痴が言える職場づくりが必要である。さまざまな個性のある教師の多様性を活用する協働的な職場づくりが，教師のメンタルヘルスに有益な環境となる。

b　セルフケア　子どものためにとの思いを抱いても，自分一人でできることにはどうしても限界がある。子どもの心とかかわっても，すぐに効果が出なかったり，なかなか成果が上がらなかったりすることも少なくない。また，自分にゆとりがないと判断を誤ったり，十分なエネルギーを子どもに注ぐことができないことが多い。そのため，教師には，自分自身の心身の状況を正しく捉え，コントロールする力も必要となる。疲れたら休養をとる，仕事に行き詰まったらやり方を変えたり同僚に相談したりするなど，柔軟な対応が心と体を守ることにつながるのである。

●参考文献 ───────────────────────────

会沢信彦・安齋順子（編著）　2010　教師のたまごのための教育相談　北樹出版
春日井敏之・伊藤美奈子（編）　2011　よくわかる 教育相談　ミネルヴァ書房
高橋洋一・伊東毅（編）　2016　新しい教育相談論　武蔵野美術大学出版局
原田眞理（編著）　2016　教育相談の理論と方法 小学校編　玉川大学出版部
藤田主一・齋藤雅英・宇部弘子（編著）　2013　新 発達と教育の心理学　福村出版

第2章
就学前から小学校までの子どもの発達

第1節　子どもの発達に関する基礎知識

　教育相談やカウンセリングの分野を学ぶためには，その対象となる子どもの成長・発達過程についての理解が欠かせない。このような理由から，まず，就学前から小学校までの成長・発達について概観し，保育や教育にかかわる人にとって必要と思われる視点について理解を深めていく。

　発達とは，心理学的には，「出生から死にいたるまでの生体の前進的および連続的な変化」と定義づけられている。初期の心理学では，児童期から青年期までの発達に焦点が当てられていたが，現在では，人は生涯にわたって発達する存在であるとみなす生涯発達の考え方が取り入れられるようになり，出生前期から始まり老年期までを含めて発達と捉えられるようになった。このような人の発達の過程はいくつかのまとまりとして考えることができる。その区分は発達段階，発達期とよばれ，さまざまな区分がある。一例をあげると，出生前期（胎児が胎内にいる期間），新生児期（生後28日間の期間），乳児期（生後1年半までの期間），幼児期（1歳半から就学前まで），児童期（小学校の期間），青年期，成人期，老年期などに分けられる。

　本章では，保育，幼児教育，初等教育の主な対象となる乳児期・幼児期・児童期までの発達を対象とし，この時期の子どもの特徴がどのように理解されてきたのか，愛着の発達，認知の発達，自我の発達の理論を紹介する。

1　愛着（アタッチメント）の発達

　子どもはさまざまな環境との相互作用によって発達していくが，乳幼児期の子どもにとってはとくに養育者（多くは母親）の影響が大きい。ここでは養育者などとの関係性，ことに愛着が，子どもの心の形成に与える影響，その後の

第2章　就学前から小学校までの子どもの発達　21

生涯にわたるパーソナリティや社会的適応性などにいかに影響を及ぼすかについて，いくつかの研究をみていくことにする。

　ボウルビィは，第二次世界大戦中に疎開した子どもや戦災孤児などを中心に研究し，母親の喪失体験が子どもに与える精神的影響について実証的に明らかにしている。そのような研究から，かれは母親の養育の重要性を知り，母親に対して乳幼児が求めようとする強い絆を愛着とよんだ。愛着関係が形成されると，子どもは親を安全基地とすることで，安心して周囲を探索するようになる。助けが必要になったり不安になったりすると，すぐに親のところに戻り情緒的な安定を図る。こうした経験を重ね，情緒的にも知的にも発達が促されていく（表2-1）。これとは逆に，母性的養育環境が極端に阻害された場合をマターナル・ディプリベーション（母性愛剥奪）とよび，このような場合に心理的，身体的，認知的発達に深刻な影響を与える可能性も指摘されている。母子分離の過程について研究したマーラーは，14カ月〜2歳ごろの依存と自立の間で分離不安が高まる状態を再接近危機とよび，この時期の親からの情緒応答性が安定した母子分離の基盤になると重視している。そうして，3歳をすぎると子どもは母親が不在であったり，期待した応答が得られなかったとしても，心のなかの愛情対象としての母親のイメージは保持できる状態になっており（情緒的対象恒常性の達成），安定した母親離れをすることができるのである。

　愛着研究の初期には，子どもの愛着の対象者として母親の重要性が指摘されていたが，その後の研究により，子どもは母親だけでなく他の養育者との間に

表2-1　愛着の発達

第1段階（誕生〜生後3カ月ごろ）　赤ちゃんは，じっと見つめたり，目で追ったりすることで，注意を向けることができる（定位という）。また，泣きや微笑，発声によって発信することもできる。この時期の赤ちゃんは，親など特定の人だけでなく，誰にでも定位や発信行動を示す。

第2段階（生後3カ月〜6カ月ごろ）　乳児の定位・発信が，特定の人に向けられるようになる。母親などよく関わる他者ほど，よく見つめ，よく微笑み，よく発声するようになる。

第3段階（生後6カ月〜2，3歳）　ひとみしりがはじまる。慣れ親しんだ人と，見知らぬ人をはっきり区別し，見知らぬ人への恐れや警戒心が強くなるためである。一方，慣れ親しんだ人への愛着も深まり，母親など愛着対象を安全基地という心の拠点として，探索行動をはじめる。この安全基地は，子どもの視野内に存在し，不安が生じたときには，母親への接近・接触を求めることになる。

第4段階（3歳以降）　母親などの愛着対象が，安全基地としてたえず視野内に存在しなくとも，そのイメージは子どもの心に内在化され，情緒的な安定が図れるようになる。

（出典：岡本依子ほか　2004　エピソードで学ぶ乳幼児の発達心理学　新曜社）

も愛着関係をもつことが明らかになった。子どもと長い時間を過ごす保育者は第二愛着対象者として，子どもの心の形成に影響を与える存在でもある。ボウルビィやマーラーの研究成果は，早期乳幼児期における母子の相互作用が，子どもの心の形成に与える影響の大きさを指摘し，この時期の，おとなの子どもへのかかわりの大切さを私たちに伝えている。子育て支援，教育相談などにおいても，目の前にいる子どもの問題行動に着目するだけでなく，行動の背景にある子どもと養育者，保育者との関係性にも視野を広げていく必要がある。

2 認知の発達

認知の発達理論として，最もよく知られているものがピアジェの発達段階説である。かれは，人の認知の発達をいくつかの節目に分け，感覚運動期，前操作期，具体的操作期，形式的操作期の4つの段階に区分した（表2-2）。このなかで，乳児期から児童期までの特徴を説明したい。

誕生から2歳ごろまでの感覚運動期は，五感と運動の両方を使って外の世界を知っていく時期である。乳児はがらがらを持ったとき，見つめたり，振って音を出したりなめたりしながら，がらがらを知っていく。

2歳をすぎると，物を実際に動かさなくても頭のなかで考えることができるようになる。この前操作期の思考の特徴を，ピアジェは自己中心性という概念で特徴づけている。これはわがままという意味ではなく，子どもには自分の立場からの見方，考え方にとらわれる傾向が強く，他者が自分と違う見方，考え方をしていることが理解できないことをさしている。これは，保存の課題に失

表2-2 ピアジェの発達段階

感覚運動期（誕生～2歳） 感覚と運動を使いながら外の世界を知っていく。2歳ごろには，物や人が，目の前から見えなくなっても，どこかに存在し続けることがわかってくる（物の永続性の獲得）。

前操作期（2歳～6，7歳） 事物を実際に動かさなくても考えることができる。言語やイメージを用いた象徴的な思考ができるが，まだ非論理的である。他人が自分と違う見方・考え方をしているということがわからないという自己中心性がある。

具体的操作期（6，7歳～11，12歳） 具体的なことなら一応論理的に考えることができる。しかし抽象的，一般的な思考はまだできない。保存の概念が成立する。

形式的操作期（11，12歳～） 抽象的，一般的な思考ができる。具体物がなくとも，ことばだけで考えることができる。仮説を立てた考え方，科学的・実験的思考も可能になる。

（出典：筆者作成）

敗することなどにも表れている。たとえば，同じ形の容器に同じ量のジュース
を入れて，子どもの目の前で，一方のジュースを細長い形の容器に移す。どち
らのジュースが多いかをたずねると，前操作期の子どもは細長い容器で水面が
高くなっている方を多いと答える。見かけの高さに目を奪われてしまい，量ま
で変化したと思ってしまうのである。またこの時期の子どもは，生命や意識の
ない事物に生命や意識があるように考えるアニミズム的な傾向も強い。このよ
うに，自分と他者との区別や主観と客観が未分化なため，自分の心のなかで考
えたことと現実が混同することが起こる。

　児童期に入ると子どもの思考は大きく変化し，具体的なことなら論理的に考
えることができるようになってくる（具体的操作期）。児童期の子どもはだんだ
んと事物の一部だけに注意を奪われてしまうことから脱して，外界を理解して
いくようになる。保存の課題では，先の実験において，ジュースの量は何も
加えたり減らしたりしていないから，同じ量であると考えるようになる。これ
を，保存の成立という。この時期には，数・量・長さ・体積などの領域で保存
が形成される。このように具体的操作期の思考は，具体的な事柄であれば論理
的判断が可能となるが，仮説的・抽象的な思考の発達は次の段階を待たなけれ
ばならない。

3　自我の発達

　心の発達に関する理論には，各発達段階で達成すべき心理的・社会的発達課
題があり，その課題を達成しないと次の発達段階の課題達成も困難になるとい
う考え方がある。発達課題はハヴィガーストによって提唱され，フロイトやエ
リクソンの理論がよく知られている。人格形成の理解に大きな影響を与えた2
人の考え方から，子どもの自我の発達の特徴を捉えていくことにする。

　精神分析の創始者として有名なフロイトは，心理的な問題をかかえた人々の
治療に取り組むなかで，乳幼児期の体験がおとなのパーソナリティ形成にとっ
て重要であると考え，独自の発達段階を提唱した。かれは，性への衝動の満足
を味わえる部位の変化にともなって発達段階を5つに分けた（表2-3）。フロイ
トのいう子どもの性欲（リビドー）とは，たとえば，乳児はおっぱいを吸うと
きにくちびるで快感を感じるというように，身体のさまざまな部位への刺激に

24

表 2-3　フロイトの心理‐性的発達論

口唇期（誕生〜1歳半ごろ）　乳児が母親の乳房を吸う口唇的快感が中心。口唇期への固着は，甘えや依存が強く，おしゃべり，酒や煙草などの口唇的活動への依存を生じさせる。

肛門期（1歳半〜3歳ごろ）　排便をコントロールできるようになる。肛門的快感が中心。肛門期の固着は，けち，几帳面，頑固，意地っ張りなどの性格が形成される。

男根期（3歳〜6歳ごろ）　性器への関心が高まる。排尿の快感。自己の性を意識し，同性の親がライバルになる（エディプス・コンプレックス）。男根期の固着は，虚栄心，競争的，攻撃的などの強い性格を形成する。

潜伏期（6歳〜11歳ごろ）　幼児性欲は一時的に不活発になり，その間知的発達や社会性が促される。

性器期（12歳〜）　思春期に入り，性的欲求が高まり，それまでの部分的な欲動は性器性欲として統合されて，異性愛が可能となる。

（出典：下山晴彦（編）　1998　教育心理学Ⅱ　東京大学出版会）

よって快感を得ようとする活動全般を意味している。そして，この欲動は快感の追求に終わらず，その欲求を満たしてくれる対象との関係性を生み出すとフロイトは考えた。その対象との間で，ある発達段階でのリビドーが適切に満たされないと，その段階への固着が生じ，成長した後でもその段階への退行が起こると考え，発達段階で生じた問題とおとなになってからの特徴とを関連づけた。

　エリクソンは，フロイトの発達段階を下敷きにしながらも，発達の諸段階における人間関係や社会との関係を考慮した新たな理論を提唱した（表2-4）。また，かれは子どもだけではなく人間のライフサイクル全体を扱い，生涯を8つの段階に区分した。各発達段階には獲得すべき発達課題があり，人はこの課題を克服しながら自らのパーソナリティを発達させていき，その発達課題を獲得できないと危機的状態に陥ってしまうと考えた。エリクソンは，発達課題を肯定的側面とマイナス的側面の対立（基本的信頼対基本的不信など）として図式化したが，多くの肯定的な体験に支えられ，ときにマイナスな面も経験し，それを克服することがパーソナリティの強さに関係していくと，体験の度合いも重視している。

第2章　就学前から小学校までの子どもの発達　25

表 2-4　乳児期〜児童期の発達

発達区分	フロイト 心理・性的発達段階	エリクソン 心理・社会的発達段階	ピアジェ 認知的発達段階
誕生 　乳児期	口唇期	基本的信頼 対 基本的不信	感覚運動期
1歳半ごろ	肛門期	自律性 対 恥・疑惑	前操作期
幼児期	男根期(エディプス期)	積極性 対 罪悪感	
6歳ごろ	潜伏期	勤勉性 対 劣等感	具体的操作期
児童期 12歳ごろ			

(出典：筆者作成)

第2節　乳幼児期の発達課題と気になる行動

　前節では，発達の諸理論について概観してきた。それらの理論をもとにして，ここでは乳幼児期の子どもの様相に焦点を当て，この時期の発達課題と気になる行動の特徴を捉えていくことにする。

1　乳児期の発達課題

　平均身長が約50cm，平均体重が約3,000gで誕生した乳児は，最初の1年間で劇的に成長し，身長はおよそ25cm伸び，体重は3倍にもなる。しかし，乳児は食事，排泄，移動などすべて他者に依存しなければならない時期であり，また意思を伝えることも難しいため，欲求を満たすには泣き声や発声，表情などに対する養育者の応答に頼るしかない。乳児の発信に対して，養育者が敏感に反応していくことを通じて子どもは成長することができる。心理的発達においても，養育者などとの情緒的な相互作用が重要であり，情緒応答性や情動調律とよばれるやりとりをとおして，子どもは共感したり，他者の感情を読み取

ったり，自分の感情を調整することもできるようになる。こうした過程で，乳児は，他者は信頼できるものであり，自分には価値があり，世界は居心地がよいものであるという基本的信頼感を獲得する。この信頼感の獲得は，健全な愛着の形成につながり，これを獲得できないと対人関係で不安になりやすく，また自己肯定感を感じにくくなるとされている。

2 乳児期の気になる行動

　乳児期の気になる行動は，睡眠が一定しない，夜泣きが多い，母乳・ミルクの飲みが悪い，離乳食を食べないなどの睡眠や授乳の問題としてあらわれやすい。さらに抱っこがしにくい（身体が固くなる，反る），視線があわない，あやしても反応が薄い，人見知りをしないなど関係性の問題としてあらわれることも多い。これらの問題に対して親の不安が強く神経質になりすぎると，子どもがそれに反応し不安定になってしまうこともある。また，発信や応答が少ない子どもに対して，情緒的なかかわりの少ない養育が続くとその後社会性の成長などに影響があらわれる場合もある。

3 幼児期の発達課題

　1歳ないし1歳半ごろになると，子どもは自分で歩くことができるようになり，外界と積極的にかかわろうとする。さらに自我が芽生え，ことばも出るようになり自己主張をはじめる。自分の身体を自分でコントロールすること，自己主張や自己表現を自分の意思で統制するという自律性の感覚がこの時期に獲得されるべき要素である。一方で，自分の意思を通そうとすると，親の意思と衝突することがでてくる。そして2歳ごろには第一次反抗期を迎える。このとき，おとなのコントロールが強すぎたり，たとえば排泄のトレーニングに失敗したりすると，自己統制ができないという感覚に陥り，混乱や不安が引き起こされ恥や疑惑を抱きやすくなる。

　幼児期後期になると，子どもは運動能力，言語能力，社会性などの面で飛躍的な成長を遂げる。保育所，幼稚園などに入り，親から離れて集団生活を体験しはじめるのもこの時期である。子どもは，何でも自分でやりたがり，積極的に環境にはたらきかけようとする。積極性（自主性）を獲得し，何かを成し

第 2 章　就学前から小学校までの子どもの発達　27

表 2-5　幼児期の気になる行動

ことばの問題　ことばの問題には，ことばの出始めが遅い，ことばが不明瞭などの発語に関する側面，こちらの言っていることがわかっていないという言語理解の側面，ことばは話すが一方的であったり反復言語があるなどコミュニケーションに関する側面がある。これらの様相を確認し，個人差なのか，発達の問題なのか，かかわり方の問題なのか広く情報を集めながら，「ことば」を教えようする訓練というよりもことばと行動を一致させるかかわりや，ことばを使ったやりとりをおとなと楽しむような支援を考える必要がある。
排泄の問題　排泄の問題として，夜尿，頻尿などがある。夜尿は 5 歳以上になって少なくとも週 2 回以上みられ，3 カ月以上持続する場合には夜尿症として考える必要があるが，多くが成長とともに治ると報告されている。頻尿は身体的な原因がなければ，どのような場面でトイレの回数が増えるのかを観察し，要因を減らす心理的，環境的調整など工夫したい。
夜驚　2〜6 歳の幼児に多くみられ，睡眠中に突然泣き叫んだり，叫びながら家のなかを歩き回る様子を示す。入眠後 1〜2 時間くらいで起こることが多く，声をかけても目覚めず，本人に記憶はないため，無理に起こさず様子を見守る。幼児の睡眠のメカニズムの影響，昼間の興奮や疲れなどの影響が関連していると考えられている。これもしばらくすると症状が減少する。
神経性習癖　指しゃぶりや爪嚙み，体のいじり癖のような癖が不安や緊張，退屈なときなどにあらわれる状態を神経性習癖という。これらに関してはその行為を注意するよりも，遊びに誘ったり，気持ちに寄り添いかかわりを増やしたりすることが症状の減少につながる。
登園しぶり　保育所や幼稚園，認定こども園などに何らかの原因で行かなかったり，行けない状態をいう。時期や子どもの状態により原因はさまざまだが，分離不安や，日常生活の変化，園での行事など，不安や緊張の原因を子どもの視点で考え，保育者が養育者に代わって安心できる存在になれるよう対応したい。
集団活動になじまない　集団生活に入ると，落ち着きがなかったり，集団の流れから外れてしまうことが気になる行動となりやすい。これらに対しては注意するという対応になりがちであるが，なぜその行動を起こすのか意味を考えることが大切である。かかわり方を工夫して，叱ることだけで子どもとかかわるということのないようにしたい。

(出典：筆者作成)

遂げるのは楽しいと感じるようになる。しかし，積極的に動くことは，同じような他者の動きと衝突し競争になり，このときに衝突しすぎると罪障感などを感じるのである。その際の羞恥心や罪障感が強すぎると，それが極端な怖がり，臆病，儀式的行為という反応につながることもある。

4　幼児期の気になる行動

　幼児期の気になる行動で一番相談が多いのは，ことばの問題である。その他には，生活習慣や集団生活のなかでみられる問題がある。そのいくつかを表2-5 で説明する。

第3節　小学生の発達課題と気になる行動

1　児童期の発達課題

　児童期に入ると，子どもの心身の発達は比較的安定してくる。子どもたちは学校での生活を通じて，知識を学び，物事を進める現実的な手順を学び，目標を決めたり，新しい何かを生み出すことに夢中になる。遊びや空想のなかで満足するのではなく，現実的な物事を達成することで満足を得て，勤勉性の感覚を身につけていく。同時に，こうしたことに失敗すると自分には何もできないという劣等感を感じる。また，この時期の子どもの心の成長には，仲間集団とのかかわりが大きな意味をもつようになる。児童期に入ると子どもたちは，同性・同年齢の小集団をつくって遊ぶことが増えていき，こうした仲間集団のなかで，汚い言動やふざけた行為などを皆で笑い合いながら共有し，結束を固め，おとなと違う仲間としての連帯感を育てていく。児童期後期は「ギャングエイジ」とよばれ，仲間集団のなかにリーダーや決まりごとが生まれ，特異な仲間遊びが行われるようになる。こうした仲間遊びのなかで，自分たちでルールを決め守ること，協力と忠誠，役割分化といった高度な集団機能を発達させていく。この時期の仲間づき合いは子どもの健全な発達にとって重要であり，子どもたちは仲間集団との親密な関係のなかで社会性を培っていくのである。

2　児童期の気になる行動

　小学生になると，学習についていけない，集中が続かない，友だち関係がうまくつくれないといった学校生活上の問題が気になる行動となってくる。このなかには，発達上の問題をかかえている子どももいるが，一見すると他の子どもと違いがないようにみえるため，周りからの適切な支援が遅れてしまう場合もある。このため教師や保護者は発達上の問題（ADHD，学習障害，自閉症スペクトラム）についても理解する必要がある。一方で情緒的な問題や関係性の問題，環境からの影響が要因で学習の遅れや落ち着きのなさを示したり，他にも身体的症状や精神的症状を呈することもある。心理社会的な因子が関与して，不安感や恐怖反応を示したり，腹痛や頭痛，気分の悪さなどの身体的症状を引

き起こしたり，爪嚙み，抜毛症など神経性習癖の頻度が増えたり，喘息やアトピーなどの身体的疾患が悪化する場合もある。子どもは，外界からの影響を受けやすく，不安や緊張などの情緒的問題が生じやすい。しかし，それらに対処することや適切に言語化することが難しいため，長期間ストレス状況が続くようなことがあるとさまざまな症状が引き起こされるのである。

　学校で気になる子どもの行動は，発達の問題や情緒的問題，家族や仲間集団との関係性の問題などが渾然一体となって表出されてくるため，広く子どもの情報を集め，子どもをよく観察し対処を考えていく必要がある。その際には，原因や責任を一つに決めようとするのではなく，子どもを取り巻く環境のなかで取り組めることを連携していく姿勢も求められる。

第4節　就学前から学童期の子どもを取り巻く環境と支援

　まず乳幼児期の子どもを取り巻く環境としては，少子化の進行，虐待の増加，待機児童問題などの深刻な現状が続いている。これらの問題を解決するため，20年以上にわたりさまざまな子育て支援が取り組まれている。2015（平成27）年「子ども・子育て支援新制度」では，今まで以上に地域の実情に応じた子ども・子育て支援の充実が求められるようになった。また，これまでの子育て支援は実施機関ごとに内容や情報などが分断されており，支援のさらなる連携が求められている。

　次に幼児期から児童期への移行の過程で起こる問題として，小1プロブレムがある。これは，小学1年生の児童が学習についていけない，決まった席に座っていることができないなど学校生活に適応できないために起こす問題行動をいう。これらの問題に対処するため2010（平成22）年ころからは，幼稚園や保育所と小学校の幼小（保小）連携を図るプログラムが導入されている。また新幼稚園教育要領では，「幼児期の終わりまでに育ってほしい姿」として10項目が明らかにされ，小学校ではそれらを土台とした資質・能力の育成が求められるようになるなど，さらなる連携，連続性が求められている。

　新学習指導要領では，子どもたちに育てたい資質・能力として非認知的能力

の重要性に言及し，自己調整能力，自己肯定感などの情意的な側面を適切に育てることが望まれている。乳幼児期からの心理・発達的理解を基盤にした教育，支援の重要性に注目が集まっている。

●参考文献

青木紀久代・神宮英夫（編）　2008　徹底図解 心理学　新星出版社
岡本依子ほか　2004　エピソードで学ぶ乳幼児の発達心理学　新曜社
厚生労働省　2017　保育所保育指針
下山晴彦（編）　1998　教育心理学Ⅱ──発達と臨床援助の心理学　東京大学出版会
奈須正裕（編）　2017　よくわかる小学校・中学校 新学習指導要領全文と要点解説　教育開発研究所
馬場禮子・青木紀久代（編）　2002　保育に生かす心理臨床　ミネルヴァ書房
文部科学省　2017　幼稚園教育要領

第3章
中学校から高等学校までの子どもの発達

第1節　中高生の発達的特徴

1　中高生の身体的特徴とその影響
（1）第二次スパートと第二次性徴

　思春期には性ホルモンの分泌の増大により，骨格が急速に成長し，第二次性徴が明瞭に現れて生殖機能が備わりはじめる。男性の場合は，全体的にがっしりとした体格に変化し，喉仏の突出や声変わり，睾丸や陰茎，精嚢等の成熟がみられる。女性の場合は，皮下脂肪が増加して丸みを帯びた体形に変化し，乳房，骨盤，卵巣や子宮等が発達する。なお，女性の月経周期は安定するまでに1～3年程度を要し，とくに思春期の初期ほど，卵巣のはたらきの不調などによって生理不順になりやすい。また，イライラ感，だるさや疲れやすさ，気分の落ち込みや不眠を特徴とする月経前症候群（PMS）になることもある。

　身体的な発達には性差と個人差があり，各器官の発達開始時期や発達速度は個人内でも一様ではない。そのため，身体的にアンバランスになりやすく，自他ともに身体的変化に戸惑うことも多い。自己の身体的発達をいかに受容するかは，自尊感情，アイデンティティや社会性の発達などに多大な影響を及ぼす。

（2）中高生の身体的発達に影響を及ぼすもの

　近年，中高生にとってアイドルやファッション・モデルがより身近な存在になり，身体面，職業面の目標になりやすくなった。しかし，過度の食事制限によって，栄養失調や骨粗鬆症，成長の停滞，不安や抑うつ，無気力や意欲低下のほか，引きこもりや自傷行為が引き起こされることもある。過度なダイエットによる摂食障害の発症と低年齢化も指摘されている。摂食障害は，発症時点での心身の状態だけでなく，その後の発達にも悪影響を及ぼし，未治療のまま放置されると，心身的な影響が長期化するだけでなく，妊娠，出産や子育てに

も支障が生じる。ファッション業界の一部では痩せすぎのファッション・モデルを起用しない方針を打ち出して，極端な痩身志向に警鐘を鳴らしているが，社会全体での取り組みも必要である。

また，無月経に関しては，それが妊娠期や授乳期，閉経などによらない場合は，何らかの強いストレスが原因として疑われる。前述のような過度の食事制限だけでなく，激しい運動によっても生じやすい。とくにスポーツ系の部活動やアスリート養成にかかわる現場では，その状態を本人が気にしない場合だけでなく，気づいても周囲に相談しづらい状況にある場合もあり，無月経に関する理解の促進など対策が急務となっている。

2　中高生の思考の特徴

性ホルモンの分泌の急激な増大は，情動機能をも亢進させる。その結果，中高生の感情や気分は不安定で変化しやすく，制御のしづらさを覚える。自立や進路，対人関係や恋愛の悩みなどをかかえて，かれらのイライラ感や不安感は，ますますつのっていく。

情動機能の亢進の一方で，高次の認知機能や意思決定，行動の抑制などを担う大脳の前頭前野は，青年期から成人期初期にかけて発達するため，脳機能はアンバランスで，結果的に，青年期の行動は衝動的になり，リスクを選択しやすい。だからこそ，かれらは学習や部活動，恋愛などに果敢に挑戦し，将来の夢に向けて努力していく。しかし，その半面，高い衝動性は反社会的行動や逸脱行動などの危険性もはらんでいる。興味本位でギャンブルや煙草，アルコール，薬物に手を出してしまったり，ちょっとした出来心やスリルによって，置引きや万引きをはたらいてしまったりする。また，生きづらさをかかえて，リストカットや過剰服薬（OD），自殺に及んでしまうこともある。中高生に対する適切な教育相談は欠かせないのである。

第2節　中高生の時期におけるアイデンティティの確立と発達課題

1　アイデンティティ（自我同一性）とその確立

　青年期の発達課題の1つがアイデンティティの確立である。中高生は，他の誰とも異なる自己の存在を発見し，自分自身について論理的，客観的に思索を重ねていく。

　心理臨床家のエリクソンによれば，アイデンティティとは，以下の3点を知覚することである。(1)「社会のなかでの自分自身の斉一性（セイムネス）」であるが，これは，名前でよばれている自分，家族のなかでの子どもとしての自分，学校での生徒という立場，学校内での委員会や係，アルバイト先での店員など，社会のなかで自覚されるさまざまな要素を「わたし」という一個人のなかに統合していくことである。(2)「時間の流れのなかでの連続性（コンティニュイティ）」は，歴史の流れのなかで過去の自分と未来の自分を時間的に結びつけて，現在の「わたし」に統合させることである。(3)「自分の斉一性と連続性を他者が認めてくれているという事実」は，すなわち，自分自身の自覚した「わたし」と，社会が見ている「わたし」の認識が一致して，「わたし」が社会から承認され，受け入れられることである。それゆえに，アイデンティティは独り善がりな自己像ではなく，社会と歴史のなかで相対的に形成されるものである。

　青年期は社会的責任を負うことを猶予された「モラトリアム」状態であり，この時期に，自分の人生や存在意義を自分に問いかけ，「自分はどのような人間なのか」「どうあるべきなのか」「どう生きていきたいのか」を模索し，自分独自の人生を生きていくことを決意する。

2　アイデンティティの拡散（混乱）

　アイデンティティの確立は容易なものではない。おとなになったという強烈な自覚をもちながら，経済的，社会的には親に依存し，社会の役に立とうとしても，実際には何もできず，自己を探求するうちに自己矛盾に気づくようになる。その結果，「自分は何もできない」「自分の代わりはどこにでもいる」など

と自分を決定づけてしまう。このような「アイデンティティ拡散」は，程度の差があっても，誰しもが陥るのである。

　小説や映画，漫画，アニメーションのなかの青少年たちが苦難と葛藤を経て成長していくように，アイデンティティの拡散は，社会に参画していくための通過儀礼としての側面をもっている。この経験によって，自己のなかの矛盾する部分，長所や短所，挫折経験などをすべて自分のものとして受け入れて，自分自身の未来に向かって社会のなかで歩みを進めていく。逆に，「自分は何をやってもダメな人間だ」「自分には生きている価値などない」と自己を全否定し，その状態が将来も続いていくかのように悲観して，自傷や自殺などの自己破壊的行動，非社会的行動，反社会的行動を呈したり，心身の不調や神経症を発症したりする場合もある（思春期危機）。アイデンティティに関する危機をかかえた中高生の子どもたちに，心理的な援助は不可欠である。

3　アイデンティティ拡散の症状

（1）時間的拡散

　未来に向けて行動したからといって，特定の未来が約束されているわけではない。「夢は必ずかなう」「絶対に諦めるな」という威勢のよいことばがもてはやされても，努力が必ずしも報われるわけではなく，行く手が阻まれることもしばしばである。「これまでの行動はすべて無駄になるのではないか」「この先行動を続けても無意味ではないか」と不安に襲われ，未来に対して待つ姿勢がとれず，時間に対する信頼感が失われる。

（2）アイデンティティ意識

　アイデンティティを確立しようとする過程も，不完全で不安定な自己像もすべて，親や教師などに見透かされていると自意識過剰な状態になる。そこで中高生は，同じような服装で，自分たちだけに通じる若者言葉を多用して，自分の存在を同年代の集団のなかに埋没させる。

（3）否定的アイデンティティ

　社会的に認められたアイデンティティの確立が困難であれば，そのための行動は無駄な努力にしかみえない。それならば，正反対の社会的に望ましくない役割に同一化する方が容易に思えてくるのである。

（4）労働麻痺

独自のアイデンティティを確立したり，職業的アイデンティティを探したりすることを放棄してしまうことである。

（5）両性的拡散

親密性をともなわずに性的活動に没入すること，また，その逆に，自身の性的要素を過小評価して親密性を損なうことである。

（6）権威の拡散

周囲のおとなの行動を冷静に批判的に観察した結果，親や教師などによる保護や指導に疑問を感じ，おとなという権威に対して反抗の意思を示す。また，権威に疑問を感じるからこそ，自分がリーダーシップを発揮すべき場面で，その役割が果たせないことにもなる。

（7）理想の拡散

アイデンティティの拡散状態に対する防衛反応として，自分の理想像に過剰に同一化する。その半面，自己像や自分の抱く理想像と少しでも異なる価値観や考え方，能力，容姿などを認められず，不寛容で排他的になりやすい。アイデンティティを確立するためには，本来は，民主的で大局的な視点に立つ必要がある。

4　中高生の進路選択とアイデンティティ

中高生の時期の進路選択と決定は，アイデンティティの確立の結果であると同時に，さらなる確立を促すものである。現在の自分の能力や適性，興味関心などを見極めながら，将来の方向性や職業を具体的にイメージし，また，未来の自己像を見据えて，そのためには今，何をすべきか模索する。学歴信仰，就職に有利かどうかでの大学選び，受験のための詰め込み型暗記など，目先の利益によって学習活動や人生を選択するのではなく，真に自己実現をめざすことが必要である。しかし，困難を克服して思い描いていた方向に近づけることもあれば，自分の限界や周囲の状況などさまざまな要因によって，夢を諦めて方向転換することもあるだろう。進路の選択や決定に正解はなく，また，前進あるのみの一本道ではない。

現在，高校生の1.4％が中途退学しているが，その理由の多くは，学校生

活・学業不適応と進路変更である。確かに中途退学は，その後のさまざまな面で，大多数の高校生と比べて不利になりやすいのが実情である。しかし，アイデンティティの確立や進路選択は，中高生だけの課題ではなく，一生涯を通した課題である。重要なことは，将来的に失敗しないような安全な進路選択ではなく，たとえ失敗したとしても，いつでも将来の方向性を修正できること，そして，不本意入学などではなく，生徒自らが模索した進路であることではないだろうか。価値観がますます多様化するなかで，中高生が自分で自らのアイデンティティを理解し，自らの力で将来を切り開いていくこと，そしてそのための指導や支援が必要である。

第3節　中高生の対人関係

1　中高生の親子関係と自立

　アイデンティティを確立させようとする中高生にとって，親の存在はもはや保護してくれる，依存する対象ではない。親から脱却し，自分で判断し，自分で行動しようとするのである（心理的離乳）。したがって，親からの「部屋を片づけなさい」「ゲームをやめて勉強しなさい」などのことばは，自分の主体的な行動に対する干渉に感じられる。親の指導が適切なものであっても，また自分の意思と一致していても，親に言われることは「やらされる」非主体的行動に思え，そこで，公然と親に反発するのである（第二次反抗期）。

　ただし，「反抗」ということばからは派手な暴力が想像されやすいが，実際の反抗は，勉強習慣や成績，進路，服装や身だしなみ，身の回りの整理整頓といった，日常の出来事に限定されることが多い。青少年を腫れ物扱いして，家庭内暴力や非行などを見逃してしまうこともある。また，親子関係が安定的で愛着がうまく調節されている方が，反社会的行動や薬物依存，自殺願望，不安障害などが少ないともいわれる。この時期に，子どもには子どもの，親には親の考え方や価値観があることをお互いに認め合い，おとな同士の親子関係を構築していくことこそが重要である。

2　中高生の友人関係

　子どもたちの友人関係は，発達的に変化していく。サリヴァンによれば，児童期には「仲間」が親よりも重要な他者となり，そのうちの一人が選ばれて前思春期における「親友」の関係になる。仲間は競争や比較の対象であり，実際に目の前にいないと仲間の大切さは感じられない。しかし，中高生の友人関係は非常に親密かつ内面的で，親友の大切さは眼前にいるか否かで変わることはない（表3-1）。

　中高生は，ときには共通の趣味・関心を介して部活動や課外活動をともにし，ときには親や教師などの権威的な存在に対して一緒に逆らい，ときには悩みや不安を共有して精神的に支え合う。このように中高生の時期の友人関係は，アイデンティティの確立や社会性の発達にとって非常に重要である。反面，不完全なアイデンティティから自分を守るために，自分の属するグループ以外の他者に対して不寛容で排他的になりやすい。仲間から拒絶され，「浮いた」存在になることを過剰に恐れていつも一緒に行動するが，それではアイデンティティを確立させられず，確立のために孤独を求めても孤独にはなれず，中高生の友人関係は結果的に不安定である。

3　中高生の恋愛と性

　思春期の恋愛感情は，その初期は教師や先輩，有名人などに抱く漠然とした

表 3-1　友人関係の発達

発達段階	友人関係	特徴
小学生：児童期	ギャング・グループ	他集団との対抗 異性集団の拒否 同一行動による一体感（凝集性） 遊びを共有 親よりも仲間集団からの承認が重要
中学生：思春期前半	チャム・グループ	中学生によくみられるなかよしグループ 同じ興味関心やクラブ活動などを通して構築 お互いの共通点や類似性を言葉で確認 集団内で通じる言葉（同一言語）による一体感 仲間に対する絶対的な忠誠心
高校生：思春期後半	ピア・グループ	互いの価値観や理想，将来の生き方などを語り合う お互いの共通性や類似性のほか相違点を確認 お互いの相違点を認め合う 自立した個人として，互いを尊重

（出典：近藤邦夫・岡村達也・保坂亨（編）　2000　子どもの成長 教師の成長　東京大学出版会）

憧れのようなものにすぎないが，次第に同年代の身近な対象への具体的な恋愛感情へと変化し，告白や交際といった行動にいたることもある。なお，第二次性徴の発現や周囲の異性関係が変化するこの時期に，自分の性に疑問をもち，多数派とは異なる性的アイデンティティや性的志向に気づくこともある。

　大野久によれば，中高生のアイデンティティは，交際をとおして補強される。すなわち，自分に対する気持ちを交際相手に繰り返し確認し，評価と賞賛を求めるのである。しかし，そのために，相手の一挙手一投足に目が離せず，相手のことばかり考えてお互いの存在が「重く」なり，交際はしばしば短期間で終わる。もちろん，このような経験はすぐに乗り越えられるものではない。しかし，恋愛や交際経験をとおして，自分と他者は同じではないことに気づき，他者を理解しようと努力することや，自分の気持ちを伝えることを学び，親密性や社会性を深化させていくのである。

　また，思春期における生殖機能の成熟は生理的な性欲を増大させ，性や性的行動に関する情報に触れたり，性的行動を経験したりする機会も多くなる。中高生は「性」を特別扱いせず日常生活の枠組みのなかで捉えているものの，性的関心自体が低下している群と，性的関心が高く性的行動に活発な群に二極化する傾向がある。

　中高生たちは，恋愛，性的マイノリティ，性感染症や HIV などについて高い関心をもっているが，恋愛や性に関するさまざまな疑問は，周囲のおとなに打ち明けにくく，恋人や友人，マス・メディアの情報に多くを依存する。性に関する膨大な情報のなかには，性的行動をあおるようなものや犯罪的な内容のものもあり，真偽を確認できないまま鵜呑みにすることで，ドメスティック・バイオレンス（DV）や望まない妊娠などの発生リスクを高めるおそれがある。とくに，デート DV の場合，加害側は性的行為の強要や暴力行為を「愛しているからだ」「お前のせいだ」と正当化し，また，暴力的な言動と相手を気遣う言動を使い分けるため，被害側はその被害に気づきにくいという。さらに，他のアルバイトよりも高収入だからと気軽な気持ちで「JK（女子高生）ビジネス」に関与し，児童ポルノや売買春の被害に遭うケースや，芸能スカウトと偽って近づく風俗業者によって AV（アダルトビデオ）の出演を強要されるケースなども見受けられ，中高生が性の商品化のなかで搾取される現状にあ

る。第二次性徴の発現によって自他の身体的変化を意識しやすいこの時期にこそ，正確かつ適切な性教育と啓発活動が必要である。

第4節　現代の中高生を取り巻く状況

1　中1ギャップ

　学校教育における不登校やいじめは中学校1年生で急増する傾向にあり，これが「中1ギャップ」とよばれる現象である。このギャップは，単なる小中学校間の接続の問題ではなく，小中学校間での教育・指導制度の変更にともなって子どもたちが感じる相違点や戸惑いに起因している。学級担任制から教科担任制への変更，校則をはじめとした生徒指導の強化，学習量の増大と難易度の上昇，定期的な試験の実施，受験を意識した教科教育，競争的で数値的な成績評価などのほか，それらによるストレス，部活動やそこでの上級生との関係性，友人関係の変化，身体的・精神的発達とアイデンティティの拡散，自己否定や劣等感などが背景にあることは想像に難くない。

　中学校段階への移行をスムーズにするために，現在，小中一貫教育や小中連携などの取り組みが推進されているが，それによって，中1ギャップが根本的に解決されるわけではない。中学校的指導を小学校段階に前倒ししたところで，新たな学年ギャップが生まれ，また環境が9年間変わらないことで，学校移行時の「リセット」も効きにくくなる。中1ギャップは小学校時代の潜在的な問題が未解決のまま積み残され，中学生段階で顕在化した結果でもある。中1ギャップの解消のためには，教科・学習指導上，生活指導上の継続的な支援のほか，現在の教育制度の背景にあるさまざまな課題への取り組みが必要である。

2　中高生とインターネット

　現在の中高生は，生まれたときからすでに高度に発達した情報通信システムに囲まれており，スマートフォンなどの携帯情報端末は幼いころから身近な存在であった。2014（平成26）年時点で，10歳代の若者の68.6%がスマートフォンを所持しており，他の世代に比べてSNS（ソーシャルネットワークサービス）

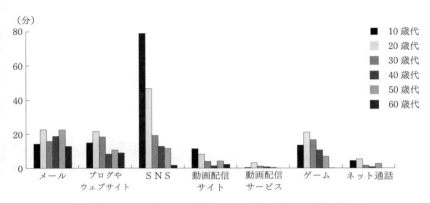

図 3-1 スマートフォンによる平日1日のネット利用時間

(出典:総務省情報通信政策研究所 平成26年情報通信メディアの利用時間と情報行動に関する調査研究報告書)

の利用率が高いのが特徴である(図3-1)。

　スマートフォンは確かに便利だが,その一方で,長時間の利用によるスマホ依存も問題となっている。ブルーライトを受容し続けることで,ピントが合いにくくなったり,発達期では近視が進行したり,眼精疲労やドライアイ,眼痛,頭痛,肩こり,腰痛,睡眠障害などにつながりやすい。精神面では,スマートフォンを操作していないと落ち着かなくなり,不安感や焦燥感,抑うつ状態が生じやすい。他者に関係を断たれないようにするために「即レス」(即時的に返信すること)の強迫観念に駆られて延々と返信し続け,食事中や入浴中もスマートフォンを手放せず,生活や学業に支障をきたすほか,不登校や引きこもり,暴力や犯罪にいたることもある。

　また,中高生は他の世代に比べて,SNSに関連したトラブルに巻き込まれる割合が高い。たとえば,軽い気持ちで始めた書き込みや投稿が,次第に過激な表現にエスカレートして他者を傷つけたり,自分の意図しないところで個人情報が公開されて回収困難になったり,「リベンジポルノ」(別れたことの復讐や腹いせのために,元交際相手が私的な画像などを無断でインターネット上に公開すること)に巻き込まれたりすることもある。

　ネット社会はまだ進化途上で,携帯端末は生活の一部としてますます欠かせないものになっていくし,教育現場でのICT活用も拡大していくだろう。ト

ラブルに巻き込まれるからという理由で，中高生からスマートフォンを取り上げるなどの場当たり的な対策は無意味になりつつある。携帯端末との正しいつき合い方やマナー，利便性，危険性など包括的な情報リテラシー教育が必要である。

3　中高生の友人関係の特徴

　若者の友人関係の希薄化が指摘されて久しいが，それは，人間関係の自由度が増して，気の合わない相手と無理してかかわる必要はないとお互いに割り切ったドライさゆえといわれる。その結果，他者が自分とつき合ってくれる保証がなくなって人間関係への不安感が高まり，グループからはじき出されないように振る舞い，割り振られたキャラを演じ続けるのである。かれらが「ぼっち」と表現して嫌うものは，孤独そのものではなく，むしろ，その状態によって，つき合う人間がいないのだと周囲に評価されることなのである。

　また，若年層が使うことばに「コミュ障」とよばれるものがある。これは，言語障害や語音障害，吃音，社会的コミュニケーション障害などを略したものではない。生活上必要な会話は可能なものの，友人同士の他愛のない会話が不得手である場合，過剰に場の「空気」を読み無口である場合，またその反対に，周囲の空気を読まずに自分勝手に主張する場合，周囲が鬱陶しさを感じるほど口数の多い場合などを意味し，そこに含まれる行動は多岐にわたる。雑談をノリで楽しむことができ，周囲を和ませ，ときに相手を侮蔑するような表現であっても笑いをとれることが，かれらのいう「コミュニケーション」であり，そこからの逸脱が「コミュ障」とよばれるもののようである。

　中高生らは他者評価によってアイデンティティを確立しようとするため，周囲の関係性のなかで承認されることを求めざるをえず，そのためには，たとえどのようなキャラを割り振られようとも，それを甘んじて受け入れ，表面的な明るさとノリでカバーしなければならない。そのような人間関係のなかで過剰に気を遣い続けて疲れ果て，ネット空間に逃げ込むことで，自分のことを知らない他者に承認を求める。しかしネットの匿名性ゆえに，そこでの承認もかりそめのものにすぎず，空虚感を覚える。かれらの社会的な欲求は，現実の人間関係のなかでもネット世界でも，十分に満たされることはないのかもしれない。

●参考文献 ─────────────────────────────

エリクソン, E. H.（著）　西平直・中島由恵（訳）　2011　アイデンティティとライフサイクル　誠信書房

近藤邦夫・岡村達也・保坂亨（編）　2000　子どもの成長 教師の成長──学校臨床の展開　東京大学出版会

内藤佳津雄・北村世都・市川優一郎（編）　2016　Next教科書シリーズ 発達と学習　弘文堂

日本青年心理学会（企画）後藤宗理・二宮克美・高木秀明・大野久・白井利明・平石賢二・佐藤有耕・若松養亮（編集）　2014　新・青年心理学ハンドブック　福村出版

藤田主一・齋藤雅英・宇部弘子（編著）　2013　新 発達と教育の心理学　福村出版

松本俊彦（編）　2012　中高生のためのメンタル系サバイバルガイド　日本評論社

ルソー, J. -J.（著）　今野一雄（訳）　1962〜64　エミール　全3冊　岩波書店

第4章
教師が知っておきたい発達障害の理解

　児童生徒の発達は十人十色であり，一人ひとりが環境との相互作用のなかで自らの心身を個別に発達させていく存在である。各々の発達において，個人ごとのばらつきが生じることは当然であり，それはその児童生徒の大切な「個性」とも解釈できる。しかし，この「個性」から起こってくる行動が大きく偏ることによって，学校生活や集団生活において「困難さ」を感じ，不適応にいたってしまうこともある。本章では，教師が理解しておくべき特別支援教育の基礎として，まず発達障害の概要を述べ，次に主な発達障害の定義と現状，そして子どもたちがかかえる困難を概説する。

第1節　発達障害とは

1　発達障害の定義

　発達障害者支援法（2005（平成 17）年施行，2016（平成 28）年改正）における発達障害の定義は「自閉症，アスペルガー症候群その他の広汎性発達障害，学習障害，注意欠陥多動性障害その他これに類する脳機能の障害であってその症状が通常低年齢において発現するものとして政令で定めるものをいう（第二条1項）」である。また同法において，発達障害者とは，「発達障害を有するために日常生活又は社会生活に制限を受ける者（第二条2項）」，発達障害児とは「発達障害者のうち 18 歳未満のもの（第二条2項）」と定められている。

　発達障害に対する認識が進んでいない時代では，日常生活の困難さから精神科を受診し「心の病気」として診断されていたケースも少なくなく，現代においても発達障害と精神疾患を混同してしまうことも多い。しかし，上記の定義に示されているように，発達障害は脳機能の発達の偏りから生じる先天的な障害であり，幼少期から特有の症状が現れるのに対し，精神疾患は後天的な要因

の影響を受ける点で大きく異なる。近年,「おとなの発達障害」ということば
に注目が集まっている。このことばは,発達障害がおとなになってはじめて発
症したことをさすのではなく,生まれつき発達障害をもっていた人が,社会人
として仕事をしたり家庭生活を送ったりしていくなかで困難さを感じ,診断を
受けるにいたった場合をさしている。

　一口に発達障害といっても,症状の程度や表れ方は人それぞれである。個々
の障害が単独で現れるとはかぎらず,他の発達障害が併存することも少なくな
い。また,その人の「クセ」のような軽度なものから,明らかに「障害」とわ
かるものまで千差万別である。

2　発達障害の現状

　2013（平成25）年に改訂されたアメリカ精神医学会による精神疾患の診断・
統計マニュアル（DSM-5）による有病率は,自閉症スペクトラムで約1％,注
意欠如多動性障害で子ども約5％および成人約2.5％,限局性学習障害で子ど
も5～15％とされている。

　一方,文部科学省（2012）の「通常の学級に在籍する発達障害の可能性のあ
る特別な教育的支援を必要とする児童生徒に関する調査結果について」は,公
立小中学校における通常の学級の担任教師を対象に,A.学習面（「聞く」「話す」
「読む」「書く」「計算する」「推論する」）,B.行動面（「不注意」「多動性－衝動性」）,
C.行動面（「対人関係やこだわり等」）に対する困難を示す児童生徒の割合を調
査した（図4-1）。その結果,小学校第1学年においてAは7.3％,Bは4.5％,
Cは1.3％であるのに対し,中学校第3学年においてAは2.7％,Bは2.9％,
Cは0.9％であった。また,「学習面又は行動面で著しい困難を示す」児童生徒
の割合は,小学校全体で7.7％,中学校全体で4.0％となり,学年が進むにつれ
若干の減少がみられている。

第2節　注意欠如多動性障害（ADHD）

1　ADHDとは

　注意欠如多動性障害（attention-deficit hyperactivity disorder: ADHD）は,「不

第 4 章　教師が知っておきたい発達障害の理解　45

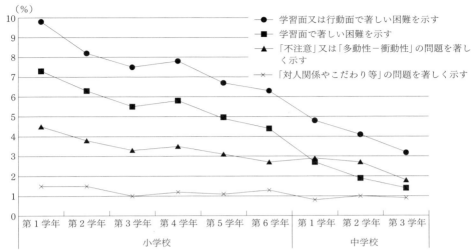

図 4-1　質問項目に対して担任教員が回答した内容から，知的発達に遅れはないものの学習面，各行動面で著しい困難を示すとされた児童生徒の学校種，学年別集計
（出典：文部科学省　2012　通常の学級に在籍する発達障害の可能性のある特別な教育的支援を必要とする児童生徒に関する調査結果について　より作成）

注意」と「多動性−衝動性」が主症状であり，3〜4歳から顕在化することが多く，DSM-5 では「神経発達症」として分類されている。また，文部科学省（2003）による定義では，「年齢あるいは発達に不釣り合いな注意力，及び／又は衝動性，多動性を特徴とする行動の障害で，社会的な活動や学業の機能に支障をきたすものである。また，7歳以前に現れ，その状態が継続し，中枢神経系に何らかの要因による機能不全があると推定される」とされている。

　ADHD が起こる原因についてはいまだ特定されていないが，近年では，前頭前野の実行機能の障害，尾状核による行動の調節機能の障害，ドーパミンなどの脳内神経伝達物質機能の障害が指摘されている。とくに，ADHD の 30％は，ドーパミントランスポーターの過剰なはたらきによりドーパミンの再取り込みが促進され，結果としてシナプス間隙における放出量が減少することから神経伝達が滞り，ワーキングメモリに影響を及ぼすということも報告されている。しかし，これらの仮説は検証段階であり，今後の研究の発展が望まれる。

2 ADHD の症状

ADHD における「不注意」には，①特定の対象に一定時間注意を持続させることの困難さ，②環境のさまざまな事柄に注意を配分することの困難さ，③注意を適切に切り替えることの困難さといった側面がある。このことにより，授業中に他のものに注意が向いてしまい学習が進まない，話を聞いていない，忘れ物や失くし物が多いなどの症状が現れる。また「多動」の症状には，授業中など静かに座っていなければならないときに落ち着かず手足を動かしてしまう程度のものから，授業中に歩き回ったり常にしゃべり続けたりして，学級崩壊に近い状態を招いてしまうものまでさまざまな段階がある。「衝動」の症状では，深く考えずに意思決定をしてしまったり，順番を待てなかったり，イライラして爆発的な攻撃行動をしてしまうなどの症状がみられる。

小児期では，多動の症状により ADHD に気がつくケースが多い。一方で不注意症状が優位で知的能力に問題がない場合，発見が遅れることもある。また，多動−衝動性は男児の方が多くみられ，不注意のみを示す女児のケースも存在する。ここで，DSM-5 における診断基準を表4-1 に示した。この診断基準の A では，「(1) および／または (2) によって特徴づけられる，不注意および／または多動性−衝動性の持続的な様式で，機能または発達の妨げとなっているもの」となっており，これらの症状の「程度が発達の水準に不相応で，社会的および学業的／職業的活動に直接，悪影響を及ぼすほどである」とされている。小児期にみられた ADHD の症状は，次第に落ち着いてくる場合もあるが，成人後まで持続することも少なくない。また，うつ病などの精神疾患との合併もみられる。

ADHD は，二次障害として「反抗挑戦性障害」や「素行障害」などを併存させるケースも多い。「反抗挑戦性障害」は，怒りっぽく挑戦的で執念深い情緒・行動が特徴であり，「素行障害」は他者や動物に対する攻撃や物の破壊，嘘をつくなどの行動が特徴である。これらの障害により，非行につながる可能性も指摘されている。

3 ADHD の子どもがかかえる困難

幼児期から児童期の ADHD の子どもは，環境の変化によって感情が不安定

第4章　教師が知っておきたい発達障害の理解　47

表4-1　DSM-5におけるADHDの診断基準（例や注などは省略）

A.（1）以下の不注意症状が6つ（17歳以上では5つ）以上あり，6カ月以上にわたって持続している。	
a 綿密な注意ができない，または不注意な間違いをする。	f 精神的努力の持続を要する課題を避ける，嫌う，いやいや行う。
b 注意を持続することが困難である。	g 課題や活動に必要なものをなくしてしまう。
c 話しかけられたときに，聞いていないように見える。	h 外的な刺激によって気が散ってしまう。
d 指示に従えず，学事などの義務をやり遂げることができない。	i 日々の活動で忘れっぽい。
e 課題や活動を順序立てることが困難である。	
A.（2）以下の多動性／衝動性症状が6つ（17歳以上では5つ）以上あり，6カ月以上にわたって持続している。	
a 手足をそわそわ動かしたりトントン叩いたりする，いすの上でもじもじする。	f しゃべりすぎる。
b 席についていることが求められる場面で席を離れる。	g 質問が終わる前に出し抜いて答え始めてしまう。
c 不適切な状況で走り回ったり高いところへ登ったりする。	h 自分の順番を待つことが困難である。
d 静かに遊んだり余暇活動につくことができない。	i 他人を妨害し，邪魔をする。
e "じっとしていない"またはまるで"エンジンで動かされているように"行動する。	
B. 不注意または多動性／衝動性の症状のうちいくつかが，12歳になる前から存在していた。	
C. 不注意または多動性／衝動性の症状のうちいくつかが，2つ以上の状況において存在する。	
D. これらの症状が，社会的，学業的，または職業的機能を損なわせている，またはその質を低下させているという明確な証拠がある。	
E. その症状は，統合失調症，または他の精神病性障害の経過中にのみ起こるものではなく，他の精神疾患ではうまく説明されない。	

（出典：髙橋三郎・大野裕（監訳）　2014　DSM-5　精神疾患の診断・統計マニュアル　医学書院より作成）

になりやすく，爆発的な怒りを示すなどの衝動性や，過度な多動の症状を示す。また頻繁に忘れ物をする，おとなの話を聞いていないなどの不注意の症状も表面化してくる。これらの症状により，学校をはじめとする集団生活のなかで，トラブルが生じやすくなる。しかし，定型発達の子どもでもその特徴は認められるため，見過ごされてしまうことも少なくない。思春期になると，対人

関係の問題が生じることもある。多くのミスを重ねることや，衝動的な攻撃行動を行うことで，教師や同級生との関係が悪化してしまう。生活のリズムが崩れやすいのも特徴であり，学校への遅刻を繰り返すケースもみられる。またそのような行動特徴から，周囲のおとなからほめられる機会が少ないだけでなく，叱責を受け続けることもあり，それによって自信を喪失し，そのまま不登校にいたる場合もある。しかし，このような行動特徴も，年齢とともに改善され，また周囲の理解や本人の努力や能力により，大きな問題とならないケースもみられる。就職をするころになると症状が落ち着いているケースが多いが，ケアレスミスを頻発し，上司に注意されてもそれを直そうとしないことなど，仕事上のトラブルに結びつく。

第3節　自閉症スペクトラム（ASD）

1　ASDとは

自閉症スペクトラム（autism spectrum disorder: ASD）は，「コミュニケーション，対人関係の持続的な障害」と「限定された反復的な行動，興味，活動」が主な症状である。以前は，このような症状を示す疾患に対し，「自閉症（自閉性障害）」や「アスペルガー症候群（アスペルガー障害）」や「高機能自閉症」などという用語が用いられてきたが，2013（平成25）年のDSM-5より，それらの概念が統合され，「自閉症スペクトラム」という名称が用いられるようになった。「スペクトラム」とは，「連続体」の意味であり，上記の症状が軽症な人から重症な人までを包括的に捉えた表現である。ASDは，女性に比べて男性の方が4倍程度多いことが知られている。

一方，文部科学省（2003）は，「自閉症とは，3歳位までに現れ，①他人との社会的関係の形成の困難さ，②言葉の発達の遅れ，③興味や関心が狭く特定のものにこだわることを特徴とする行動の障害であり，中枢神経系に何らかの要因による機能不全があると推定される」と定義し，これらの症状を示すもののうち，知的発達の遅れをともなわないものを「高機能自閉症」と定めている。

ASDの原因については明らかになっていないことが多いが，家族間や双生児間での発症率が高いことから，遺伝の影響が大きいことが確認されている。

第 4 章　教師が知っておきたい発達障害の理解　49

以前は，「親の愛情不足」や「不適切な養育」が原因とされていたことがあるが，これは現在では誤りであることがわかっている。近年，ASDの治療に脳の下垂体から分泌されるホルモンである「オキシトシン」が有効であるとする研究が報告されている。オキシトシンには子宮収縮や母乳分泌を促進させる効果があることが知られているが，人とのコミュニケーションにおいて信頼や愛情などを増加させる効果もあることが明らかになってきた。このオキシトシンを連続投与することにより，ASDの社会性に改善効果がみられることがいくつかの研究で報告されており，今後の研究のさらなる発展が望まれている。

2　ASDの症状

DSM-5におけるASDの診断基準を表4-2に示す。ASDの症状について，この診断基準にもとづいて説明する。

（1）コミュニケーション，対人関係の持続的な障害

ASDには，日常的に会話をしたり興味を共有したりすることに関心が薄いという社会性の発達に関係する特徴的な症状がある。また，視線を合わせたり表情をつくることがうまくできなかったり，他者の表情やジェスチャーを読み

表 4-2　DSM-5におけるASDの診断基準（例や注などは省略）

A.　社会的コミュニケーションおよび対人相互反応における持続的な欠陥
（1）相互の対人的−情緒的関係の欠落
（2）対人的相互反応で非言語的コミュニケーション行動を用いることの欠落
（3）人間関係を発展させ，維持し，それを理解することの欠落
B.　行動，興味，または活動の限定された反復的な様式
（1）常同的または反復的な身体の運動，物の使用，または会話
（2）同一性への固執，習慣への頑なこだわり，または言語的，非言語的な儀式的行動様式
（3）強度または対象において異常なほど，きわめて限定され執着する興味
（4）感覚刺激に対する過敏さまたは鈍感さ，または環境の感覚的側面に対する並外れた興味
C.　症状は発達早期に存在していなければならない。
D.　その症状は，社会的，職業的，または他の重要な領域における現在の機能に臨床的に意味のある障害を引き起こしている。
E.　これらの障害は，知的能力障害（知的発達症）または全般的発達遅延ではうまく説明されない。知的能力障害と自閉症スペクトラムはしばしば同時に起こり，自閉症スペクトラムと知的能力障害の併存の診断を下すためには，社会的コミュニケーションが全般的な発達の水準から期待されるものより下回っていなければならない

（出典：髙橋三郎・大野裕（監訳）　2014　DSM-5　精神疾患の診断・統計マニュアル　医学書院より作成）

取ることが苦手である。他者と会話を続けることができない，言われたことをそのまま言い返す，関係のないことを繰り返し言い続けるなどの症状もある。言語発達の遅れを示し，他者と会話を続けることができないケースもあるが，ある時期から急速に言語が発達する場合もある。さらに，他者の状況を理解し，他者の気持ちを推察することが難しく，友人関係などをうまく構築することが苦手である。

図4-2は誤信念課題とよばれ，この問題の正答は「カゴの中」である。バロン＝コーエンらの実験では，定型発達およびダウン症の子どもの多くはこの問題を正しく答えたのに対し，ASDの子どもの多くは実際にビー玉が入れられている「箱の中」と答えた。これは，ASDの子どもたちにとって，サリーが自らビー玉を入れたカゴにまだ入っていると信じていることを推測する，すなわち他者の考えを推察することが困難であることを示している。この能力は「心の理論」とよばれ，ASDの対人関係の障害という症状を説明する仮説とし

図4-2 誤信念課題（サリーとアン問題）

（出典：ウタ・フリス（著）冨田真紀・清水康夫・鈴木玲子（訳）2009 新訂 自閉症の謎を解き明かす 東京書籍）

て注目されている。

（2）限定された反復的な行動，興味，活動

　ASD は，「こだわり」の強さにかかわる症状も示す。繰り返し同じ動作をしたり，相手が言ったことをオウム返し（反響言語）したりする。また，日常生活の変化に苦痛を感じ，柔軟性に欠ける思考をすることも特徴的である。たとえば，自宅から学校の教室までの道順や，教室のゴミ箱の配置などに強くこだわる。ある特定の対象に非常に強い興味を感じ，過度に没頭することもある。電車や恐竜，数字など興味をもったことに対して，非常に細かく記憶や記録をする。さらに，感覚の異常を示し，痛みや暑さに鈍感であったり，特定の音に対して過敏に反応したりする。

3　ASD の子どもがかかえる困難

　ASD の子どもは，コミュニケーションの障害によって，対人関係に問題が生じることが多い。いわゆる「空気を読む」ということが苦手であり，その場にそぐわない言動をしてしまう場合がある。一方的に話を進めてしまったり，人を傷つけることを言ってしまったり，その状況や相手を考えて行動することが難しい。そのため，円滑な対人関係を構築しにくくなり，周囲から疎まれたり，集団のなかで孤立してしまったりする。そのことが原因でいじめの対象となるケースもある。また，比喩表現や皮肉などを理解することが難しく，言われたことばをそのまま理解してしまう。たとえば，「まっすぐ家に帰りなさい」と言われた場合，字義どおりに捉えて，道を曲がることなく帰ることと理解したりする。このような状況や周囲の反応は，年齢が進むにつれて次第に本人が認識するようになり，思春期以降，対人関係にストレスを感じ，他者とかかわることを拒否してしまうことにつながる。

　こだわりの強さによって，困難をかかえることもある。自らが関心を向けていること以外には興味を示すことが少ないため，学業成績が著しく低下したり，成績の偏りが生じたりする。また，通常の学校生活を送っていても，遠足や修学旅行などのイレギュラーな活動には適応することができず，非常に大きな不安を感じてしまう子どももいる。また感覚過敏が顕著な場合，授業中の同級生の会話やノートをとる鉛筆の音，外のグラウンドの声などが混然と聞こえ

てきてしまい，授業を受けることができないといった困難をかかえる。

第4節　限局性学習障害（SLD）

1　SLDとは

　知的能力は低下していないが，読むこと，計算することなど特定の能力に困難さが認められる障害は，これまで学習障害（learning disabilities: LD）とよばれてきた。文部科学省（1999）は，「学習障害とは，基本的には全般的な知的発達に遅れはないが，聞く，話す，読む，書く，計算する又は推論する能力のうち特定のものの習得と使用に著しい困難を示す様々な状態を指すものである。学習障害は，その原因として，中枢神経系に何らかの機能障害があると推定されるが，視覚障害，聴覚障害，知的障害，情緒障害などの障害や，環境的な要因が直接の原因となるものではない」と定義している。「学習障害」という名称について，DSM-5ではその困難が特定の能力にかぎられている点が強調され，「限局性学習障害（specific learning disorder: SLD）」と変更された。文部科学省の定義に示されているように，この障害は，中枢神経系の機能障害であることが明らかであり，生育環境や学習意欲の欠如が原因ではないことを十分に理解する必要がある。

2　SLDの症状

　DSM-5におけるSLD診断基準のカテゴリーを表4-3に示した。SLDの症状としては，以下の3点が挙げられる。

表4-3　DSM-5におけるSLDの診断基準のカテゴリー

1. 不的確または速度が遅く，努力を要する読字
2. 読んでいるものの意味を理解することの困難さ
3. 綴字の困難さ
4. 書字表出の困難さ
5. 数学の概念，数値，または計算を習得することの困難さ
6. 数学的推論の困難さ

（出典：髙橋三郎・大野裕（監訳）　2014　DSM-5　精神疾患の診断・統計マニュアル　医学書院より作成）

①読字障害（ディスレクシア）　SLD のうち，最も多いケースである。文字を間違って読んだり，ゆっくりとためらいながら読んだりする。また読んでいるものの意味を理解することに困難さを感じる。

②書字表出障害　文章を書く際に，綴字を間違えたり，文法や句読点を間違えたりする。また，書いているものが不明確であったり，文章にまとめるのが苦手であったりもする。

③算数障害　計算が困難で非常に遅かったり，数学的な推論ができなかったりする。数字や記号を理解することが難しいといった症状もみられる。

　この他にも，学校教育場面では，話を理解したり記憶したりすることの困難や，ことばが思い浮かばずうまく話を構成することが苦手といった話すことの困難がみられることがある。SLD は ADHD との合併率が高いことも知られており，その鑑別が難しいとされている。

3　SLD の子どもがかかえる困難

　SLD の子どもは，知的障害とは異なり，特定の能力にのみ困難があるため，本人がかかえる困難さが周囲に理解されにくい。たとえば，他の教科の成績は問題がないのに，数学の計算が非常に苦手であったりするため，学習意欲がないと誤解されて叱責を受けてしまうこともある。そのため，自己肯定感が低下し，不登校などにも結びつく可能性がある。

第5節　発達性協調運動障害（DCD）

1　DCD とは

　発達性協調運動障害（developmental coordination disorder: DCD）は，運動技能に関係する発達障害であり，知的・身体的障害や神経疾患が原因ではない。鉛筆や定規などの道具を使ったり，靴紐を結んだり，スポーツを円滑に行うのが苦手であり，学校や職場での日常生活に影響を及ぼしてしまう。しかし，年齢が低い場合は運動技能の個人差が大きいため，運動を苦手とする原因がDCD であるとはかぎらない。

2 DCDの子どもがかかえる困難

DCDの子どもは，運動技能の困難さのため，早く正確な動作が求められることに極端な苦手意識をもつことが多い。学校生活が進むにつれ，授業などで複雑な動作が求められることが増えるため，強いストレスを感じることもある。そのことが，学業成績や体力の低下，スポーツへの参加の減少につながる可能性がある。

●参考文献 ─────────────────────────────

岩波明　2017　発達障害　文藝春秋

髙橋三郎・大野裕（監訳）　2014　DSM-5 精神疾患の診断・統計マニュアル　医学書院

田中千穂子・栗原はるみ・市川奈緒子（編）　2005　発達障害の心理臨床──子どもと家族を支える療育支援と心理臨床的援助　有斐閣

バロン＝コーエン, S.（著）　水野薫・鳥居深雪・岡田智（訳）　2011　自閉症スペクトラム入門──脳・心理から教育・治療までの最新知識　中央法規

諸富祥彦（編集代表）　片桐力・北島善夫（編）　2004　LD・ADHD とその親へのカウンセリング　ぎょうせい

第5章
教師が知っておきたい発達障害の支援

第1節　インクルーシブ教育

1　世界の動向

1994（平成6）年，インクルーシブ教育へのアプローチを促進するための必要な基本的政策「万人のための教育」を前進させるため，サラマンカ宣言がなされた。これは，学校に在籍するすべての子どもを対象とし，とりわけ特別な教育的ニーズのある子どもに必要な支援を行いながら教育を進めていくことを確認するものであった。

その流れのなかで，2006（平成18）年に「障害者の権利に関する条約」が国連総会で採択され，わが国でも2014（平成26）年に締結し効力が発生している（図5-1）。この「障害者権利条約（略称）」は，障害者の人権や基本的自由の享有を確保し，障害者の固有の尊厳の尊重を促進するため，障害者の権利を実現するための措置などを規定している。たとえば，障害に基づくあらゆる差別の禁止，障害者が社会参加できる環境設定などが挙げられる。そのために，支えることのできる人が，場面，時間などを考慮したうえでできる支援を行うこと，つまり合理的配慮を行うことが社会のニーズとして求められるのである。

2　合理的配慮

合理的配慮とは，「障害者が他の者との平等を基礎として全ての人権及び基本的自由を享有し，又は行使することを確保するための必要かつ適当な変更及び調整であって，特定の場合において必要とされるものであり，かつ，均衡を失した又は過度の負担を課さないものをいう」と定義されている（障害者権利条約第二条）。

学校教育における「合理的配慮」は，以下のことが考えられる。

障害者権利条約とは？

「障害者権利条約」は，障害者の人権や基本的自由の享有を確保し，障害者の固有の尊厳の尊重を促進するため，障碍者の権利を実現するための措置等を規定しています。

例えば…
- ◆障害に基づくあらゆる差別（合理的配慮の否定*を含む）を禁止
- ◆障害者が社会に参加し，包容されることを促進
- ◆条約の実施を監視する枠組みを設置　など

*過度の負担ではないにもかかわらず，障害者の権利の確保のために必要・適当な調整等（例：段差への渡し板の提供など）を行わないことをさす。

条約締結に向けた日本の取り組み

2006 年 12 月　国連総会で条約が採択される
2007 年　9 月　日本が条約に署名
2008 年　5 月　条約の発効＊ 2014 年 10 月末時点で 151 カ国・地域・機関が締結済み

条約締結に先立ち，障害当事者の意見も聴きながら，国内法令の整備を推進
2011 年　8 月　障害者基本法の改正
2012 年　6 月　障害者総合支援法の成立
2013 年　6 月　障害者差別解消法の成立，障害者雇用促進法の改正

これらの法整備を受けて，国会において議論され，2013 年 11 月 19 日の衆議院本会議，12 月 4 日の参議院本会議において全会一致で締結が承認される

　　　　2014 年 1 月 20 日　日本は「障害者権利条約」を批准
　　　　　　　2 月 19 日　条約が日本で効力を発生

条約締結による影響

- ◆日本で障害者の権利の実現に向けた取り組みがいっそう強化される。
  - ・障害者の身体の自由や表現の自由等の権利，教育や労働等の権利の促進
  - ・条約の実施を監視する枠組みや，国連への報告義務などによって，日本の取り組みを後押し
- ◆人権尊重についての国際協力がいっそう推進される。

図 5-1　障害者の権利に関する条約について
（出典：外務省ホームページをもとに作成）

①教師，支援員などの確保
②施設・設備の整備
③個別の教育支援計画や個別の指導計画に対応した柔軟な教育課程の編成や教材などの配慮

たとえば，視覚障害であれば音声信号や拡大文字，聴覚障害であれば字幕やフラッシュライトなどを活用して情報提供することが求められる。

表 5-1 「不当な差別的取扱い」と「障害者への合理的配慮」

	不当な差別的取扱い		障害者への合理的配慮	
国の行政機関・地方公共団体等	禁止	不当な差別的取扱いが禁止されます。	法的義務	障害者に対し，合理的配慮を行わなければなりません。
民間事業者	禁止	不当な差別的取扱いが禁止されます。	努力義務	障害者に対し，合理的配慮を行うよう努めなければなりません。

(出典：内閣府ホームページ)

　障害者差別解消法に基づき，「国の行政機関・地方公共団体等」と「民間事業者」では，合理的配慮の提供に違いがみられる（表5-1，表5-2）。なお，教師は，公共団体に所属をしているため，合理的配慮の提供義務が生じているのである。

3　特別支援教育の推進

　わが国では，「障害者権利条約」の批准のため，2011（平成23）年に「障害者基本法」，2013（平成25）年に「障害者差別解消法」などの国内法整備が行われた。教育分野では，2007（平成19年）に「特殊教育」から「特別支援教育」へと名称が新しくなった。大きな変更は，これまでの障害種に加え，学習障害（LD），注意欠如多動性障害（ADHD），高機能自閉症などのいわゆる発達障害のある子どもを含めた一人ひとりの子どもたちが，特別支援教育の対象になった点である（図5-2）。

　これまで，障害のある子どもたちは特別支援学校（従来の特殊学校），特別支援学級（従来の特殊学級），または通級を利用しながら学校生活を送ることが一般的な流れであった。しかし特別支援教育は，通常学級にも障害のある子どもたちが在籍し，学校生活を送ることを明確に示している。このことだけを取り上げても，大きな変革であったことがうかがえる。一方で，通常学級では，これまで障害のある児童生徒の教育に携わっていない教師もいるのが実際のところである。「どのように指導すればよいのか」という本音が漏れ聞こえるが，これまで多くの教師は勉強会や研修会に参加をして，知識や技術を身につけている。不安に思うこともあるが，まずはどのような支援が必要なのかを学んだうえで，その児童生徒に合う教育目標や指導計画を立てることが必要となる。

表 5-2 「合理的配慮」の例

1. 共通
- バリアフリー・ユニバーサルデザインの観点を踏まえた障害の状態に応じた適切な施設整備
- 障害の状態に応じた身体活動スペースや遊具・運動器具等の確保
- 障害の状態に応じた専門性を有する教員等の配置
- 移動や日常生活の介助及び学習面を支援する人材の配置
- 障害の状態を踏まえた指導の方法等について指導・助言する理学療法士，作業療法士，言語聴覚士及び心理学の専門家等の確保
- 点字，手話，デジタル教材等のコミュニケーション手段を確保
- 一人一人の状態に応じた教材等の確保（デジタル教材，ICT 機器等の利用）
- 障害の状態に応じた教科における配慮（例えば，視覚障害の図工・美術，聴覚障害の音楽，肢体不自由の体育等）

2. 視覚障害
- 教室での拡大読書器や書見台の利用，十分な光源の確保と調整（弱視）
- 音声信号，点字ブロック等の安全設備の敷設（学校内・通学路とも）
- 障害物を取り除いた安全な環境の整備（例えば，廊下に物を置かないなど）
- 教科書，教材，図書等の拡大版及び点字版の確保

3. 聴覚障害
- FM 式補聴器などの補聴環境の整備
- 教材用ビデオ等への字幕挿入

4. 知的障害
- 生活能力や職業能力を育むための生活訓練室や日常生活用具，作業室等の確保
- 漢字の読みなどに対する補完的な対応

5. 肢体不自由
- 医療的ケアが必要な児童生徒がいる場合の部屋や設備の確保
- 医療的支援体制（医療機関との連携，指導医，看護師の配置等）の整備
- 車いす・ストレッチャー等を使用できる施設設備の確保
- 障害の状態に応じた給食の提供

6. 病弱・身体虚弱
- 個別学習や情緒安定のための小部屋等の確保
- 車いす・ストレッチャー等を使用できる施設設備の確保
- 入院，定期受診等により授業に参加できなかった期間の学習内容の補完
- 学校で医療的ケアを必要とする子どものための看護師の配置
- 障害の状態に応じた給食の提供

7. 言語障害
- スピーチについての配慮（構音障害等により発音が不明瞭な場合）

8. 情緒障害
- 個別学習や情緒安定のための小部屋等の確保
- 対人関係の状態に対する配慮（選択性かん黙や自信喪失などにより人前では話せない場合など）

9. LD，ADHD，自閉症等の発達障害
- 個別指導のためのコンピュータ，デジタル教材，小部屋等の確保
- クールダウンするための小部屋等の確保
- 口頭による指導だけでなく，板書，メモ等による情報掲示

（出典：文部科学省ホームページ）

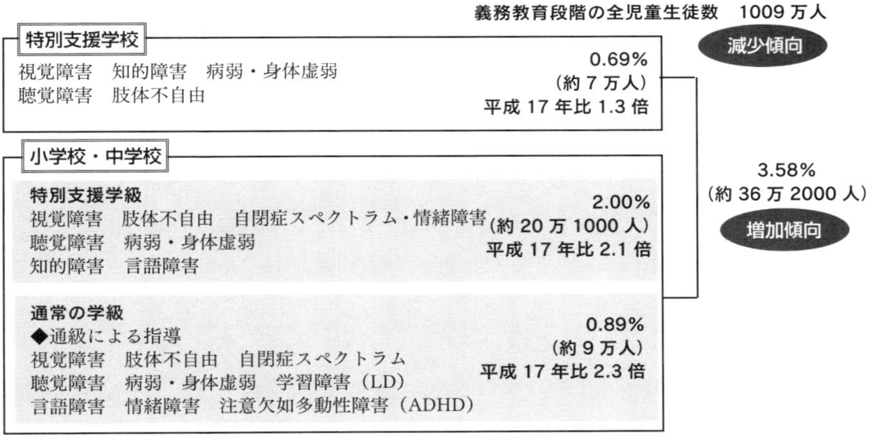

第5章　教師が知っておきたい発達障害の支援　59

義務教育段階の全児童生徒数　1009万人

| 特別支援学校 |
| 視覚障害　知的障害　病弱・身体虚弱
聴覚障害　肢体不自由 | 0.69%
（約7万人）
平成17年比1.3倍 |

減少傾向

| 小学校・中学校 |

特別支援学級
視覚障害　肢体不自由　自閉症スペクトラム・情緒障害　　2.00%
聴覚障害　病弱・身体虚弱　　　　　　　　　　　　（約20万1000人）
知的障害　言語障害　　　　　　　　　　　　　　平成17年比2.1倍

通常の学級
◆通級による指導　　　　　　　　　　　　　　　　　0.89%
視覚障害　肢体不自由　自閉症スペクトラム　　　　　（約9万人）
聴覚障害　病弱・身体虚弱　学習障害（LD）　　　　平成17年比2.3倍
言語障害　情緒障害　注意欠如多動性障害（ADHD）

3.58%
（約36万2000人）

増加傾向

発達障害（LD・ADHD・高機能自閉症等）の可能性のある児童生徒：6.5%程度[*]の在籍率
[*]この数値は，平成24年に文部科学省が行った調査において，学級担任を含む複数の教員により判断された
回答に基づくものであり，医師の診断によるものではない。

（通常の学級に在籍する学校教育法施行令第22条の3に該当する者：約2,100人〔うち通級：約250人〕）

図5-2　特別支援教育の対象の概念図「義務教育段階」

（出典：文部科学省　2015　特別支援教育の概念図「義務教育段階」　特別支援教育資料　をもとに作成）

第2節　発達障害のある児童生徒への支援

1　支援事例

　ここでは，児童生徒の支援事例について紹介する。筆者が行ってきた実践に
触れたい。

（1）LDのある児童生徒への支援

　学校現場でLDという用語が飛び交う場面が目立ってきた。LDは総称とし
て使われているため，何が学習上の困難であるのかを教師は知る必要がある。
ここでは，「発達性読み書き障害（別名：発達性ディスレクシア）」の事例を取り
上げよう。

　発達性ディスレクシアは，文字（列）の音韻（列）化や，音韻（列）に対応
する文字（列）の想起における正確性や流暢性の困難さがあらわれる発達障害
である。ディスレクシアには，後天性の脳損傷によって生じる読みの問題も含
まれるため，脳損傷の既往がなくて生じている場合に発達性ディスレクシア

とよばれる。発達性ディスレクシアは,「読み」に問題があると,多くの場合「書字」にも問題があるため,「読み」と「書き」の両方の支援が必要ということになる。

小学5年生男子の事例を紹介しよう。本児には発達性ディスレクシアがあり,文字を見るときに,文字が重なって見えるという。また書くときに,「へん」と「つくり」の間隔が広がりすぎて1文字として書字できない。そこで,A4用紙1枚を使用して大きい枠に書くように促した。また,アンダーラインや,わかりやすく蛍光ペンやサインペンで色をつけ,さらには太く強調した罫線や補助線を用いることで記入しやすくなったという。このように,対象の児童生徒によって必要な支援は異なるが,いろいろな支援方法を試しながら,何が適した支援なのかを探りながら進めることが何よりも大事である。

日本LD学会の名称でもある「LD」は「learning disabilities」の頭文字であるが,同時に「learning differences(学びの相異)」,つまり学びにもいろいろな学びがあるということばの頭文字でもあるとされている。そのため,教師が指導において「絶対にこれだ」という観点をもち続けることは危険である。人それぞれ違うことを認識して,児童生徒の小さい変化を見逃さないようにしなければならない。

(2) ADHDのある児童生徒への支援

たとえば,授業中に離席をして水を飲みに行ったり,教室の後ろにある掲示物を眺めたりするように,よく動く児童生徒がいる。おそらく小学校段階でADHDと診断されているケースがほとんであり,知的障害がなければ通常学級に在籍して授業を受けているケースもある。これまでは教師の頭を悩ませていた存在であるが,ADHDの特性や支援方法を理解して指導にあたると,余裕をもって授業に臨むことができる。

ADHDの児童生徒は,授業中に気になることが起こると,すぐさま席を立ち,気になる方向へ足を運ぶ。このときに教師は,「はい,今はその時間ではないので席に座りましょう」と声をかけるのが一般的な対応の仕方であろう。しかし,ただ声をかけて座らせるだけでは,またすぐに立ち上がってしまうであろう。それでは,どのようにすればよいのだろうか。

授業中に立ちながらも参加できる環境づくりをするというそもそもの発想の

第5章　教師が知っておきたい発達障害の支援　61

転換が必要である。たとえば，その児童生徒に，黒板に記入する係，プリント
を配布する係，教員に必要なものを渡したりする係を頼む。係というかたちで
なくとも役割として頼むと，積極的に動きながら授業に参加することができ
る。つまり，椅子に座っていることがすべてではなく，その場にいることをよ
しとする観点を教師がもてるようになると，全体指導がスムースに行えるよう
になる。ただし，何もかもよしとするのは，教育とはいえないため，着席して
いる時間を決めて約束したり，予告して動けるポイントを明示するなどの工夫
が必要である。そうすると，集中して学習させる時間では教師が近くに行って
指導するときに，柔軟に対応できるはずである。

2　通常学級での支援
（1）診断されていない児童生徒への支援

　2012（平成24）年の文部科学省の調査では，義務教育課程の全児童生徒数の
うち，通常学級のなかにLDやADHD，高機能自閉症（現在は自閉症スペクト
ラム）などの児童生徒が約6.5%在籍しているとの報告がある。これは，1クラ
スに2〜3名は発達障害の児童生徒が在籍している可能性を示している。その
ため，近年のユニバーサルデザインの観点から，1つの支援で皆が気持ちよく
過ごせることが望ましいとされている。しかし，どの子どもにも適した環境を
設定をしようとするときに生じる問題として，障害が違えば支援方法が違うと
いう点が挙げられる。そのため，児童生徒にとって本当に必要な支援方法を選
択し，かつ他の児童生徒にも有用な支援を行っていくことが大切である。そう
することで，発達障害の児童生徒が在籍する教室においても共通の活動に参加
できるのである。同時に，その児童生徒の環境や目標の到達度に応じて支援方
法を随時変更していくことも忘れてはならない。現在，指導のQ&Aに関する
書籍は多く出版されていることから，そちらも合わせて参照されたい。

（2）通常学級の担任が行う支援

　2016（平成28）年4月1日から障害者差別解消法が施行され，すでにどの教
師も障害のある児童生徒への支援を行うことが義務になった。「私は，通常学
級の担任だから指導方法がわからないので特別支援学級の先生に任せます」と
いうわけにはいかない。どのような児童生徒でも，障害に応じた配慮や支援，

教育を行うのである。一方，特別な支援を必要としない児童生徒への教育も同時に行わなくてはならない。よくある例として，「A君だけいつも順番が先になるのはどうして」「Bちゃんだけ（たとえばタブレット端末を）使っていてずるい」という声が児童生徒から挙がる。さて，実際にこのような声が出たときにはどのように説明していくのがよいだろうか。

　ここで大切なのは，そのような意見が挙がったときに，その児童生徒がどのような障害であるのかを丁寧に話す機会を設けることである。これまでは，障害のことについて教室で話さない教師もいた。しかし，周りの子どもたちが障害のある児童生徒が何に困っているのかを知ることで，その障害に対して理解することにつながっていくのである。一方，障害のある児童生徒は，障害があるからといって何でも依存してしまっては，自分でできる機会を自分で奪ってしまう。さらに言えば，どうしたら，他の児童生徒の役に立てるだろうかと考えるきっかけをつくることである。このように考えると，障害のある人が他の人を助けられないという固定観念を取り払い，お互いに支え合い，困っている人がいたら助けるというより根源的な側面に着目することが必要になるだろう。そうすることで，できる・できないという枠組みのなかだけでなく，学校という社会の縮図を考えたとき，どうやって支え合えばよいのか，助け合えるのかを皆が考えるようになる。このように，障害への理解教育の機会をつくることで，共生社会の実現が果たされるのではないだろうか。

（3）校内連携（特別支援学級担任・特別支援教育コーディネーター・養護教諭）

　担任教師であれば，自分のクラスの児童生徒の指導について最後まで責任を果たそうとする。そういう高い意識をもつことはとても大切である。しかし，学校という組織を考えたときに，自分一人ではどうすることもできないこともあるため，素早く報告してすぐに解決することも大切である。子どものことを考え悩むことも教育という観点で必要な時間ではあるが，悩む時間を決めてとにかく相談をする気持ちをもって臨んでほしい。近年，教師が多忙化しているので，他に多くの仕事をこなしていると，一人ではかかえきれずに体調を崩す教師も少なくない。

　近くに相談できる他の教師としては，特別支援学級担任，特別支援教育コー

ディネーター，養護教諭，学年主任などが挙げられる。困ったら個別に助言をもらい，それでも対応に苦慮する場合には，一堂に会しての支援会議というかたちで行うとよい。ここで大切になるのは，自分のクラスの悩みを打ち明けることが，決して恥ずかしくないということである。これまでの努力を多くの教員がみていることから，「このままだとまずい」と感じたらすぐに相談することをすすめたい。

第3節　これからの特別支援教育

1　障害者と健常者の垣根

　近年，障害者を扱う番組が増加してきた。これまで障害者はどこか蚊帳の外におかれた状態での扱いがなされていたが，ここにきて「共生」，つまり「共に生きるためにどうすればよいか」という議論が多く展開されている。特別支援教育が始まり 10 年が経過した。この 10 年で，大きく変化したことがある。それは，スペクトラムの考え方が広まったことである。スペクトラムは，物理学・光学領域で「スペクトル」と訳されていた「連続体」を意味するラテン語起源の科学用語である。そして，もともと「自閉症」と診断されていたのが，スペクトラムの概念を取り入れ，「自閉症スペクトラム」と診断名（DSM-5）が変更された。スペクトラムは，0（ない）か 1（ある）かという 2 択ではない。要するに 0 から 1 のなかで無数にある数値を特定するものではなく，地球上すべての人がその 0 から 1 のライン上に並び，「個人の特性」や「環境」に応じて現れる症状として説明される。これは，国際生活機能分類（ICF）の考え方が大きく関与しているといえる。

　ICF は，人間の生活機能と障害に関する状況を記述することを目的とした分類であり，健康状態は心身機能，身体構造，活動，参加，環境因子，個人因子から構成されるというものである（図5-3）。以前は，国際障害分類モデルが採用されていたが，2001 年からハンディキャップのように障害者のマイナス面ばかりに目を向けるのではなく，プラスの面に着目できるようにつくられたのが ICF である。

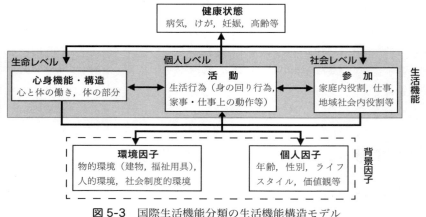

図 5-3 国際生活機能分類の生活機能構造モデル
(出典:日本障害者リハビリテーション協会ホームページ)

2 学校が進むべき方向

近年では自閉症教育に特化した教育の推進が盛んに行われている。自閉症スペクトラムについてはまだ明らかにされていない点も多く,今後の研究成果が待たれるところではあるが,現場ベースで考えると,自閉症スペクトラムのみに焦点を当てた教育は意味がない。なぜならば,自閉症スペクトラムだけを集めた学級や学校は共生社会とはいえないからである。共生社会は,いろいろな人がいて当たり前の世界をつくろうとしていることから,いかなる障害があろうともともに学校で学べる機会を提供することが必要なのである。これは,学校として最低限の環境設定であるといえる。

また,外部の専門家と連携するケースも増加してきた。そうしたケースでは,臨床心理士,理学療法士,作業療法士,言語聴覚士,社会福祉士などの専門家が学校に介入して児童生徒,保護者,教師などのサポートを行う。教師の仕事は多忙化を極め,新しい情報を知る機会が乏しいと言わざるをえない。このような現状のなか,これからは専門家のサポートは急増すると想定され,対象となる児童生徒に必要な支援ということで,助言をもらいながら教育活動を進めていくことになる。教師は,これらの専門家と積極的に意見交換することで,今までの指導の振り返りや今後の方針を決めていく一助になるであろう。

第5章　教師が知っておきたい発達障害の支援　65

表 5-3 個別の指導計画書式例

個別の指導計画 【　学】期　作成年月日 平成　年　月　日

学校名		学年・学級等	ふりがな 氏　名	性別

年間目標	

項目	【　学】期目標	場	手立て	結果（◎・○・△）
Ⅰ （学習面）		学校		
		家庭		
Ⅱ （行動面・運動面）		学校		
		家庭		
Ⅲ （対人関係・健康面）		学校		
		家庭		
評　価				

（出典：熊本県教育委員会ホームページ）

3 担任教師がすべき支援

まずは，個別指導計画の充実が求められる（表5-3）。特別支援学校や特別支援学級では，個別の指導計画の作成・評価が行われている。「できた」「できない」ではなく，目標に対して，どのようなねらいを立て，そのねらいに対してどのような支援を行うかという支援方法を記述する。そして，実際に行った結果がどうであったかを評価として加える。このような個別指導計画の作成は，できたことに〇をつければよいという問題ではなく，いかに個に応じて必要な指導計画を立案できるかが勝負である。今後，通常学級の担任教師にも個別指導計画の作成が求められるであろう。

第4節　まとめ

障害のある児童生徒への教育は，これまでは個別に教育してきた背景がある。つまり，個に焦点を当てた実践がたくさん行われてきたのである。

このように，障害のある児童生徒を指導するときには，支援のことも同時に考えておかねばならない。ただし，すべてを支援してしまっては教育とはいえないため，その児童生徒ができるか，できないかのギリギリのところを見定めて，学習目標を立てて支援をすることが必要となる。

今後，通常学級で障害のある児童生徒が充実した学びにつながることがよりいっそう期待される。

●参考文献

小野次朗・上野一彦・藤田継道（編）　2010　よくわかる発達障害 第2版──LD・ADHD・高機能自閉症・アスペルガー症候群　ミネルヴァ書房

品川裕香　2003　怠けてなんかない！ディスレクシア──読む・書く・記憶するのが困難なLDの子どもたち　岩崎書店

杉山登志郎　2011　発達障害のいま　講談社

藤田主一・齋藤雅英・宇部弘子（編著）　2013　新 発達と教育の心理学　福村出版

第6章
教師が知っておきたい精神疾患の理解と支援

第1節　精神疾患とは

1　精神疾患は「心の病」か

　教師をめざすみなさんは，精神疾患ということばにどのようなイメージをもたれるだろうか。内科や外科で治療するのが「身体の病気」なら，精神科でのそれは「心の病」だろうか。意外に思われるかもしれないが，精神医学の専門用語として「心」という表現を用いることはあまりない。狭義の意味での精神疾患は，心というより身体疾患，すなわち「脳の機能障害」と捉えるのが近年の精神医学の考え方である。たとえば，代表的な精神疾患の一つである統合失調症の原因としては，脳内の神経伝達物質であるドーパミンの過剰や，その他さまざまな生物学的機序が想定されている。精神科の病気を薬物療法で治療するというと「心の病気を薬で治すなんて……」と眉をひそめる人もいるが，脳の不調と考えれば理に適った方法の一つであり，病的な色彩が強いケースほど薬がよく効く傾向がある。その一方で，脳の機能障害がなくても，さまざまな精神症状が現れることがある。試験に落ちれば悔しくて眠れなくなるし，失恋すれば悲しくて食事も喉を通らなくなる。けれども，それらは脳の機能障害の結果ではなく，むしろ人間らしく正常に脳がはたらいた結果である。われわれ精神科医は「眠れない」とか「落ち込む」といった精神症状を診たときに，まずはその症状の元となる成因を検討し，それに合わせた対応を考えるのである。

2　精神疾患の分類
（1）症状による分類

　精神医学の進歩は著しいが，さまざまな精神疾患の詳細なメカニズムはいまだに解明されていないものが多い。したがって，現時点ではあえて病態（原

因）にこだわらず，症状のみに着目した「操作的診断」による分類を行う。これにはアメリカ精神医学会が策定した DSM-5（表6-1）や，世界保健機関（WHO）による ICD-10 などがある。

（2）成因による分類

一方，（1）とは別に，症状の成り立ち（成因）に着目した分類方法がある。以下の3つに大別される。

①**外因**は「身体的要因が脳に影響を及ぼして精神症状が現れるもの」である。たとえば，交通事故で脳にダメージを受けた後から怒りっぽくなった（器質性精神障害）とか，甲状腺ホルモンの低下でやる気が起きなくなった（症状性精神障害）などである。

②**内因**は「生まれつきの素因が想定されるものの，まだその身体的基盤が明らかでないもの」をいう。統合失調症や気分障害（躁うつ病，うつ病）などが該

表6-1　精神疾患の分類（DSM-5）

1	神経発達症群／神経発達障害群
2	統合失調症スペクトラム障害および他の精神病性障害群
3	双極性障害および関連障害群
4	抑うつ障害群
5	不安症群／不安障害群
6	強迫症および関連症群／強迫性障害および関連障害群
7	心的外傷およびストレス因関連障害群
8	解離症群／解離性障害群
9	身体症状症および関連症群
10	食行動障害および摂食障害群
11	排泄症群
12	睡眠－覚醒障害群
13	性機能不全群
14	性別違和
15	秩序破壊的・衝動制御・素行症群
16	物質関連障害および嗜癖性障害群
17	神経認知障害群
18	パーソナリティ障害群
19	パラフィリア障害群
20	他の精神疾患群
21	医薬品誘発性運動症群および他の医薬品有害作用
22	臨床的関与の対象となることのある他の状態

当する。①②を合わせて身体因とよび，いずれも心の反応というよりは身体（脳）の機能障害としての要素が強いものである。

③心因は「心理的要因によるもの」をさす。たとえば，教師から厳しく叱責されたら学校に行くのが怖くなった（心因反応）とか，部活の集団行動になじめず欠席が続いている（適応障害）などである。これらは身体（脳）の機能障害というよりは，いわゆる心の反応として捉えられるものである。

　精神科の診察では，成因の検討を①→②→③の順で行う。実際のケースでは，生物学的要因（①②）や心理社会的要因（③）が複合的に関与して精神症状を形成するので，三者択一の単純な類型化は慎まなければならない。けれども，①②③のどこに主たる要因があるのかをよく検討することは，その後の具体的な対応に大きな示唆を与えてくれるため重要である（第3節で詳述）。

3　正常と異常

　精神症状はどこまでが正常でどこからが異常かを明確に線引きすることが難しい。血液検査などの客観的指標で測定しづらいことや，症状をどう感じるかが当事者の主観に左右されることなどもその要因である。とはいえ，アセスメント（評価）のためには判断の規準が必要になる。精神医学では以下の（1）〜（3）のような視点で総合的に判断する。

（1）平均規準

　「平均（もしくは標準）からどれくらい偏っているか」で正常と異常を検討する考え方である。たとえば，平均的な小学3年生なら45分授業の着席は可能だろう。けれどもそれが明らかに難しい児童に出会えば「ちょっと気になる子だね」ということになる。身長や体重をはじめとした生物学的事象の多くは正規分布するので，平均から大きくかけ離れているケースには，何らかの配慮すべき病態が反映されていることが多い。

（2）価値規準

　社会的規範に則り「その文化で期待される好ましい価値」に照らして正常と異常を検討する考え方である。たとえば，自分の思い通りにならないとすぐに暴れ出す中学3年生は，価値規準からは正常とは言い難い。反面，偏差値75

を超える秀才は平均から大きくかけ離れているけれども，社会通念上異常とは言わないだろう。

（3）困り感

本人もしくは周囲が「困り感」をもったときに，それを配慮すべき有意な症状として扱う考え方がある。たとえば，不潔が気になり何度も手を洗わないと気が済まない症状（不潔恐怖）があれば本人が苦痛や不便を感じるだろうし，授業中に離席して走り回る児童（多動症）がいれば周囲が困るだろう。

以上の（1）～（3）は，すべての判断が一致する場合もあれば一部が食い違う場合もある。あるいは同じ症状でも，状況や環境によって判断が異なる場合もある。「診断」は医学のみに許された行為だが，「アセスメント（評価）」は教育・医学・福祉などの複眼的な視点で行うことが望ましい。

第2節　精神症状の捉え方と考え方

1　自覚症状と他覚所見

（1）自覚症状

「自分で認識できる症状」のことで，体験症状もしくは主観症状という。自覚症状は他人にはわからないので，それを把握する際は子どもたちの訴えに丁寧に耳を傾け「教えてもらう」という姿勢が必要になる。かれらが体験している症状に関心をもって寄り添うことは，2つの意味で重要である。一つは症状をより詳細かつ的確に捉えるという支援者側の視点，もう一つは「自分の気がかりに関心をもってもらえた」という子どもたち側の心理ケアの視点である。

（2）他覚所見

「周囲からの観察で捉えることができる症状」のことで，行動症状もしくは客観症状という。自覚症状と関連する場合もあれば，まったく独立した所見となる場合もある。観察は表情からはじまり，視線・姿勢・態度・話し方・服装・身だしなみなど多岐にわたる。その場の状態（現症）だけでなく，調子を崩す前と後の違い（時間的比較）や，学校と自宅での差異（空間的比較）まで検討すると，支援のためのさまざまな手がかりが得られやすくなる。

第6章　教師が知っておきたい精神疾患の理解と支援　71

2　症状の現れ方

精神症状は心の症状と捉えられがちだが，身体や行動の症状としても現れることがある（表6-2）。とくに低年齢のケースや知的に余裕のないケース，あるいは発達障害特性をもつケースでは，自分のつらさや苦しみをことばにして訴えにくい分，ことば以外の手段を使ってさまざまなSOSを表出してくる。

（1）「心」に現れる症状

不安は心に現れる代表的な症状で，対象のはっきりしない漫然とした恐れである。他にも恐怖，緊張，怒り，抑うつ，無気力，疎外感，孤独感，罪悪感などがあり，これらは「感情」の表出である。また，集中力，思考力，記憶力，判断力，決断力などの低下は「機能」に関連した症状である。いずれも，脳の機能不全（身体因）の結果として現れることもあれば，ストレスから自分自身を守るための合理的な防衛機制（心因）として現れることもある。

（2）「身体」に現れる症状

いじめを受けている子どもが，登校前になると頭痛や腹痛を訴える例はその典型である。このような場合，小児科や内科を受診しても「身体の異常はありませんよ」と身体的器質因は否定されることが多い。けれども，本人は頭痛や腹痛を本当に自覚（体験）しており，仮病や詐病とは異なる。これらは身体表現性障害（身体化障害）とよばれ「心のストレスが身体症状に置き代わって表出された状態」と捉えることができる。症状には心のストレスの"ガス抜き"

表6-2　主な精神症状

1.「心」に現れる症状
　　感情面：恐怖，緊張，怒り，抑うつ，無気力，疎外感，孤独感，罪悪感など
　　機能面：集中力，思考力，記憶力，判断力，決断力など

2.「身体」に現れる症状
　　不定愁訴，頭痛，腹痛，食思不振，嘔吐，下痢，頻尿，遺尿，遺糞，抜毛，
　　意識消失（解離）など

3.「行動」に現れる症状
　　破壊的行動：多動，徘徊，興奮，パニックなど
　　攻撃的行動：反抗，挑発，器物破損，自傷他害など
　　回避的行動：緘黙，引きこもり，不登校など
　　食行動異常：過食，拒食，異食など
　　排泄行動異常：失禁，放便など
　　その他：常同行動，集癖など

（出典：筆者作成）

の意味があったり，つらさや苦しみを周囲に理解してもらうための無意識の反応であったりするため，むやみに症状消失をめざしすぎない方がよいケースもある。なかには症状をかかえることで，一定の安定を示すケースもみられる。

（3）「行動」に表れる症状

不登校，暴言暴力，抜毛，爪嚙み，食行動異常（過食・拒食・異食等）など多彩な症状が現れる。どの症状も，病的色彩の強いケースからそうでないケースまでさまざまである。たとえば，自傷行為としてのリストカッティングの場合，脳の機能障害を基盤とした病的ケースでは，動脈や神経にいたるほどの深い傷を一回でつくるが，心理反応の要素が強いケースでは浅い傷を多数つくる（ためらい傷）。一見同じようにみえる行動でも，背景にある病態水準（病的色彩の軽重）はさまざまであることを知っておきたい。

3　医療機関につなげたいケース

医療機関でのサポートを積極的に考えたくなるのは，身体因（外因・内因）を基盤とした「脳の機能障害」の要素が強いケースである。鑑別のためには以下のポイントが役立つ。

（1）了解可能性の検討

子どもたちの精神症状をみたときに，「ああ，なるほどなぁ」とか「こんな事情なら他の子でもこうなるだろうなぁ」とおとな側が思えるかどうかは重要であり，これを了解可能性という。たとえば「第一志望の高校に不合格となり将来が不安だ」という生徒のことばは了解可能だが，「盗聴器が仕かけられているので怖くて教室に入れない」と聞けばにわかに了解しづらいだろう。前者は正常を含めた心理反応の可能性が高いが，後者は脳の機能障害にともなう病的症状の可能性がある。

（2）急激な変化

ある時期までは心配のなかった子が，急激かつ屈曲的な変化を示した際には注意が必要である。たとえば，学級委員に立候補するような積極性のある児童が最近すっかり口数が少なくなったとか，もともとおとなしかった女子生徒が最近やけに馴れ馴れしく多弁になった，というような場合は，思春期から好発するいくつかの内因性疾患（統合失調症や気分障害など）の可能性に配慮する。

その変化が一時的なものでなく週〜月の単位で持続する場合は，とくに注意が必要である。

（3）行動化が激しい場合

興奮や暴言暴力，危険行動など，日常生活が大きく障害されるほどの激しい行動化がみられるケースも注意が必要である。自傷他害（自分を傷つけたり他者に危害を加えること）が懸念される場合には，一時的な入院加療が必要なこともある。一線を越えた反社会的行動（触法行為）がみられた場合は，ときに警察対応も検討せざるをえなくなる。判断能力に障害をきたすような精神疾患が背景にあれば，警察対応の後に医療機関へつなげる法的手順（精神保健福祉法第23条）があることも知っておきたい。

【参考：受診の勧め方】

「君は病気だから病院へ行った方がよい」と上から目線で言い聞かせても，好ましいかたちでの受診にはつながらないだろう。医療機関への受診を勧める際には，子どもたちや保護者の「困り感」を共有できるとよい。当事者が納得して受診できると，その後の治療継続（治療アドヒアランス）にも好影響を与える。

4　疾患各論

主として小学校〜高等学校で配慮すべき主な精神疾患について概説する（発達障害は別項）。

（1）統合失調症

精神科の主要疾患の一つで思春期〜青年期に発症する。発症危険率は0.8%で決して稀な疾患ではない。発症初期には陽性症状といわれる被害関係妄想や幻覚（幻聴が多い），まとまりのない会話などが出現する。前駆症状として不眠や頭痛がみられることもある。青年期以降の慢性期になると，陰性症状といわれる意欲の低下，感情鈍麻，記憶や注意などの認知機能障害が目立つようになる。適切な初期治療や再発再燃の予防は重要で，予後（将来の病状経過）に大きく影響することが複数の研究で明らかにされている。

（2）気分障害（躁うつ病，うつ病）

脳の機能障害を反映した，気分（mood）の症状が中心となる精神疾患であ

る。躁状態では気分が高揚し，多弁，自尊心の誇大，観念奔逸，注意散漫（転導性の亢進），浪費，睡眠欲求の減少などが現れる。思春期ケースでは性的逸脱行動が目立つ場合もある。一方，うつ状態は躁状態の裏返しで，気分の落ち込み，不安，焦燥，不眠などが続き，本来なら興味をもてるはずの趣味などにも関心を示さなくなる。病状が進行すると自分を過小評価する妄想（罪業妄想，心気妄想，貧困妄想）が出現し，その延長上に自死（自殺）が起こるため注意が必要である。典型的な気分障害では，週～月の単位で症状が持続することも特徴である。躁とうつが交互に出現するものを躁うつ病（双極性障害），うつのみが出現するものをうつ病とよび，別の疾患として扱う。

（3）てんかん

人口の 0.5～0.8％にみられる疾患で，脳内の神経細胞の不適切な電気活動により生じる。生得的要因もあれば頭部外傷などの後天的要因による場合もある。前者の典型例では幼少期から症状がみられるが，成人以降に初めて症状が現れるケースもある。一般にイメージされるてんかんは全身けいれんと意識消失だが，症状は多彩で，数秒間だけ意識がなくなる欠神発作や身体の一部が勝手に動く自動症などさまざまなタイプがある。発作後，一時的にボンヤリしたり怒りっぽくなったりすることがあり，発作後精神症状とよばれる。このような症状からさかのぼって，てんかんの診断が明らかとなる場合もある。

（4）摂食障害

思春期女子に好発し，神経性やせ症や神経性過食症など「食行動の異常」を示す疾患である。かつてはボディイメージの障害や成熟拒否（女性性拒否）など心理的な要因が盛んに議論されたが，近年では脳の生物学的障害も報告されている。70～80％のケースは軽快するが 5％は死にいたり，予後が極端に分かれることも特徴である。生命に危険が及ぶほどの極端な体重減少がみられる場合には，精神保健福祉法による強制的な入院加療が必要になることもある。

（5）パニック障害

動悸，頻脈，発汗，窒息感などの自律神経症状が急激に出現し，極度の不安状態を呈する。狭義のパニック障害は状況や環境に関係なく突発的に起こる。背景には脳内の生物学的機序が想定されている。状況依存的に過呼吸症状を呈するケースでは，心理的要因が背景にあることが多く，純粋なパニック障害と

は対応面で区別して考えた方がよい場合もある。

（6）強迫性障害

　繰り返し意識に浮かぶ考えに支配され，苦痛を自覚する。「ガスの元栓が締まっているかを何度も確認したくなる。馬鹿馬鹿しいと思うのだが，確認せずにはいられない」などが典型例である。近年では脳の機能的変化が指摘されるようになり，薬物療法が効果を示すケースもある。鑑別として，自閉症スペクトラムの同一性保持傾向（こだわり）が強迫症状のようにみえる場合がある。

（7）複雑性トラウマ

　心的外傷後ストレス障害（PTSD）は，地震や災害など「生命や安全が脅かされる激烈な体験」の後に発症するもので，①再体験症状（フラッシュバック），②回避／麻痺症状，③過覚醒症状が特徴である。学校教育現場で知っておいてほしいのは，同様の症状が「虐待」を受けた子どもたちにみられることで，複雑性トラウマ（Complex PTSD）とよばれる。虐待の一つひとつは小さくても，それがボクシングのボディブローのように蓄積され，最終的に地震や災害と同様のトラウマ関連症状を呈するようになる。心理反応としてだけでなく，海馬や扁桃体など脳の器質的変化をともなうことが報告されている。

第3節　治療と支援

1　「変える」のか，「変わる」のか

　治療という名目で子どもたちをおとなの思い通りにコントロールできるとしたら，精神科医はヒトラーになれるかもしれない。けれどもそんなはずがあるわけもない。治療で行えることは，好ましくない病的な状態を"本来あるべき状態"に近づける支援である。したがって，主として脳の機能障害を基盤とした病的症状に対しては，精神科医はさまざまな治療技術を使って，患者の状態を「変える」はたらきかけをする。

　一方で，心の反応としての症状には，変えるというはたらきかけとは異なった応対が必要になる。脳機能に異常性がないとすれば，そこでの症状には"その子なりの合理的な事情"が反映されているはずで，まずはその事情に寄り添うことが必要になる。そのうえで，子どもたちがもつ内発的な力によって，現

実適応的に「変わる」ことを周囲のおとなが援助する発想が必要になる。

2　成因に応じた対応

第1節でも述べた通り，精神症状は外因・内因・心因が複合的に関連するが，具体的な対応を考える際は，それぞれの成因に「どのようなアプローチが有効か」を整理して考えるとわかりやすい。

（1）主として脳の機能不全（外因・内因）が推定される場合

生物学的要因に基づく症状には，「変える」という治療的アプローチで対応する。大別すると①薬物療法，②精神療法，③生活療法がある。それぞれを単独で行うよりも組み合わせて行う方が，より高い治療効果が得られることが，さまざまな研究で明らかとなっている。

①薬物療法　統合失調症や気分障害（躁うつ病，うつ病）などの治療の基本となる。ドーパミンやセロトニン，ノルアドレナリンなどモノアミンとよばれる脳内神経伝達物質の状態を適正化することで症状の安定を図る。発達障害の一つである注意欠如多動性障害では3人中2人に薬物療法の効果が期待できる。また自閉症スペクトラムでは易怒性や興奮が緩和するケースもみられる。

②精神療法　心理面にアプローチする方法である。心情には支持的（supportive）に接しながら，脳の機能不全が強い場合は思考の混乱を避けるために，自省や内観などのカウンセリング的アプローチは避け，具体的な提案やアドバイスを指示的（directive）に行い「頭の整理のお手伝い」を心がける。

③生活療法　SST（Social Skills Training）や作業療法などを通じて，コミュニケーションの方法や就労に役立つ技術などを学ぶ。ここでは単なる技術習得にとどまらず，社会参加を通じた自己信頼感や自己効力感の獲得も重要な目標となる。

（2）主として心理的反応が推定される場合

病的程度や異常性が強くなく，正常心理やその延長上に位置する症状には，「変わることを援助する」というケア的アプローチを中心に対応する。

①傾聴　直接的な問題解決を試みる前に，子どもたちがかかえるつらさや苦しみを，まずは率直に受け取りたい。受け取るためには「聴く」という姿勢が重要である。子どもたちは「わかってもらえた」と感じるだけで安堵し，それだ

けでも心・身体・行動に現れた症状が軽減する例も多い。支援するおとなは、野球でいうピッチャーになる前に、キャッチャーに徹する姿勢が大切である。傾聴は、最も基本的なケアの方法の一つである。

②語りを促す 「自分のつらさや苦しみをわかってくれる他者」に出会えると、子どもたちは「語る」ことができる。語りながら、少しずつ気持ちが穏やかになり、考えが整っていく。哲学者であるモーリス＝メルロ・ポンティは以下のように述べている。「苦しむ人は孤独である。苦しいことは何よりも忘れたい思い出したくもないことであるが、わかってくれる他者に向かって訥々と語るとき孤独から開かれていく。自分の苦しみについて自ら語ることは、自分でその苦しみとの関係を変えていくことである」。よい聴き役がいることは、子どもたち自身が語りをとおして自己覚知に近づくための第一歩になる。

③少しだけアドバイス とはいえ、子どもたちはおとなほどに「自力で考える力」が備わっていない。①②を基本にしながら、度が過ぎない程度に、ポイントを押さえた適切なアドバイスを送りたい。「○○という考え方はどうだろう」「△△というやり方でうまくいく人もいるね」と一緒に考えていく姿勢を示しながら、考え方や行動のお手本（ロールモデル）を示すことが重要である。環境調整の話題などもこのときに触れたい。

3　治療や支援の「目標」は何か

「先生、曲が書けなくなったんです……」。筆者が研修医時代に経験した、今でも忘れられないＡ君の言葉である。高校２年で統合失調症を発症したかれは、急性期の幻聴や関係被害妄想に悩まされ、外来を受診した。薬物治療によって病的な精神症状は見事に消失したものの、妄想着想のなかで行っていた曲づくりができなくなり、バンドマンであったかれの生きがいを奪いかけてしまったのである。精神症状のコントロールは生活を支えるための手段であって、症状の消失自体が目的ではない。目標はあくまで「日常を生きること」への支援であることを、いま一度確認しておきたい。

第4節　精神医学からみた発達障害

ここでは精神医学的な視点から発達障害を概観してみたい。

1　成因と疫学

　発達障害の詳しい成因はいまだ不明だが，生得的な脳の機能障害が強く推定されている。「発達」という表現からは親の育て方や養育環境など後天的な要因を連想しがちだが，原則的には先天的かつ生物学的要因によるものである。先に述べたアメリカ精神医学会の診断基準（DSM-5）では神経発達症（Neurodevelopmental disorder）とよばれるようになった。疫学についてはさまざまな報告があり，たとえば自閉症スペクトラムでは，軽い傾向をもつ人まで含めれば一般人口の2〜8％にみられるとする報告や，これ以上の割合を指摘する報告もある。正常と異常の境目は定義しづらく，その意味からもスペクトラム（連続体）である。この罹患率の高さを統計学的に解釈すれば，異常というよりも生物種としてのバリエーションと考えるべきではないかとする意見もある。

2　高学年やおとなになってからの発達障害？

　発達障害を「脳のはたらき方の個性」と捉えれば，その個性が小さいころからわかりやすく表出されると診断を含めた早期支援に結びつきやすい。ところが軽症例や非典型例，知的水準がある程度高いケースの場合には，中学生や高校生，あるいは人づき合いの機微が深まるおとな社会に出て初めて，その特性に気づき悩むようになる。ストレス脆弱性が高いことも発達障害の特徴の一つであり，その反応が心・身体・行動に現れ，いわゆる不適応状態を呈しやすくなる。

3　生活障害としての発達障害

　学校教育現場で実際の対応を考える際は，専門的な診断分類にこだわるよりも，図6-1のように大まかな視点で捉える方が実効性のある支援に結びつきやすい。いずれの発達障害にも共通していることは，日常生活のさまざまな場面

第 6 章　教師が知っておきたい精神疾患の理解と支援　79

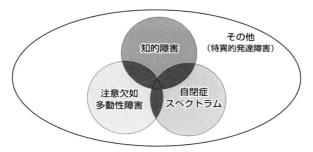

・細かな下位分類にこだわるよりも，上記程度の大まかな捉え方で評価する。
・複数の要素が重なる領域があることにも配慮する。

図 6-1　発達障害の捉え方（出典：筆者作成）

で「生きにくさ」を感じやすい点である。その意味からは確かに障害であり，適切な支援が必要であるが，同時に障害とは少し違った見方も可能である。

4　アインシュタインは発達障害だった？

　脳の個性の強さはマイナス面ばかりではない。自閉症スペクトラムの「他人の気持ちが読みづらい」という特性は独創性につながるし，注意欠如多動性障害の「飽きっぽい」という特性は新しい着想を次々に生み出す強みにもなる。一見障害と思える要素も，それが"社会的に好ましいかたち"で発揮されれば，芸術でもスポーツでも学問の分野でも，定型発達者には真似できないような素晴らしい成果につながることもある。歴史に名を遺した偉人たちの多くが「発達障害だったかもしれない」といわれる所以はここにある。

5　自分を知り，長所を生かす

　残念ながら，発達障害の根幹治療は現時点では望めない。だとすれば，治療という発想から一旦離れることが必要なのかもしれない。なぜならばその脳の個性こそが，その人らしさであり，その人そのものだからである。「治す，取り去る，解決する」といった発想から，自分の個性と「どう向き合うか，どう生かしていくか」といった発想で，医療機関を受診していただくと，新しい自分がみえてくるかもしれない。

第5節　精神疾患に対する周囲の理解

1　いろいろな人がいることの意味　——生物学的多様性

　恐竜はなぜ滅びたのだろうか？　かつて食物連鎖の頂点に君臨し，時代のエリートであったティラノサウルスは現代にはもういない。何らかの原因で環境への不適応が生じたのだろう。環境が変われば優劣の定義は一変する。現代社会では一見目立たない存在の人たちも，時代や状況が変われば社会の中心で活躍しているかもしれない。「多様性」の担保はどのような環境になっても，誰かがそこに適応し，結果として「種の保存」に結びつくという意味で重要なのである。

2　支援の発想
（1）「療育」の重要性

　教師も医師も，人が生きることをお手伝いする「対人専門職」であり，今ある状態から「より好ましい状態をめざす」ための援助職であることは共通である。では相違点は何だろうか。医療は「マイナスを元（ゼロ）に戻す支援」が基本だが，教育は「ゼロからプラスを創造する支援」である。ともに位置エネルギーを高める支援ではあるが，スタートとゴールが異なるのである。医療と教育の両方の要素を意識した「療育」が必要になるのはこのためである。

（2）ストレングスモデル

　リハビリテーションの世界では「短所の改善よりも長所伸ばし」という考え方があり，これをストレングスモデルという。たとえば，左の脳梗塞で右半身に麻痺が生じた場合，「麻痺した右手の機能回復」もさることながら，「健康な左手で箸が持てるようにする」ことをめざすのである。脳に生物学的なハンデキャップを有している子どもたちに，根性論で「頑張れ！」と諭してもうまくいくわけがない。ストレングスモデリングの発想は自己信頼感や自己効力感の獲得にも有効というだけでなく，支援するおとな側も「ダメ出しをせずに済む」という点で，互いのメンタルヘルスにも寄与する。

（3）2次性併存障害への配慮

もともとの障害に対して、生得的に合併した障害を1次性併存障害という。たとえば、知的障害にてんかんの合併がみられるケースはこれにあたる。一方、もともとの障害の影響から後天的に形成された障害を2次性併存障害という（図6-2）。生来性の疾患にともなうさまざまな失敗体験の積み重ねは、自己信頼感や自己効力感の低下につながり、結果としてさまざまな不適応行動へと発展しやすい。学校教育現場でみられる困難ケースには、2次性併存障害の要素が反映されているケースが多い。このようなケースでは、生来性の障害は内因でも、生活上の障害は2次性の心因という捉え方もできる。負のスパイラルに陥らないためにも、前述（1）（2）の対応は重要である。

3　学校教育現場への期待
（1）診察室ではできないこと

発達障害をはじめとした精神疾患の生物学的解明は、今後ますます進むだろう。とはいえ脳という視点だけでは人間理解は深まらない。生物心理社会的（bio-psycho-social）な、人間全体を捉える視点が必要である。診察室のなかで行われる医学的な治療は脳（bio）〜心理（psycho）の領域に偏りやすい。「心理（psycho）〜生活（社会；social）」へのはたらきかけは、学校だからこそ可能な領域である。精神科医が、学校の先生方の協力を必要とする理由はここにある。

```
【1次性併存障害】
もともとの障害に、生得的に合併した障害
    例）知的障害にてんかんが合併する

【2次性併存障害】
もともとの障害に伴い、後天的に形成された障害
    例）自閉スペクトラム症に伴う、周囲との失敗体験の積み重ね
                    ↓
            自己評価の低形成
    「俺はダメな奴だ・・・」「誰も認めてくれない・・・」
                    ↓
        反社会的／非社会的な不適応行動の表出へ
```

図6-2　併存障害（出典：筆者作成）

（2）心を育てる

　精神科医の立場で子どもたちと接していると，病気や異常性の有無にかかわらず，「まだ心が育つ途中なのだなぁ」と感じることがある。生きるために必要な力は，薬物療法でも精神療法でも身につかない。無用な失敗体験は避けながらも，努力や挑戦といった"心を育てるはたらきかけ"を，学校現場では臆することなく行ってほしい。ひいてはそのことが，脳の生物学的発達にもつながるのである。

（3）教育と医療の連携

　連携とは単なる役割分担ではない。互いの特徴（特長）を理解し，互いが重なる領域で子どもたちを支援する取り組みが求められている。筆者が活動する群馬県北部では，2003（平成15）年から教育関係者や臨床心理士，医師らが連携し「利根沼田こころの健康ネットワーク」を立ち上げ活動している。定期的な学習会から始まり，気になる子どもたちのケースカンファレンスや教職員向けの研修会，さらには教師と医師とで「心」を題材にした授業を行うなど，教育と医療の連携は徐々に広がりをみせている。異なる領域の専門家同士が同じ目標に向かって協働したとき，単独ではなしえないさまざまな支援が可能になる。教師をめざす若いみなさんに，改めて多職種連携の可能性を提示したい。

●参考文献 ─────────────────────────────

大熊輝夫　2013　現代臨床精神医学（改訂第12版）　金原出版

野村総一郎・樋口輝彦（監修）　尾崎紀夫・朝田隆・村井俊哉（編）　2015　標準精神医学（第6版）　医学書院

福田正人　2012　もう少し知りたい統合失調症の薬と脳（第2版）　日本評論社

藤平和吉　2011　「学校教育現場」と「医療」の連携の試み──『利根沼田こころの健康ネットワーク』の報告　児童青年精神医学とその近接領域；日本児童青年精神医学会誌　52（4）

第7章
教育相談にいかすカウンセリングの理論

第1節　カウンセリングの理論を学ぶ

　この章ではさまざまな心理療法の理論を解説することを目的とするが，まず，教師がカウンセリングを学ぶ意義について指摘しておきたい。これまで教師に求められているカウンセリングの知識は，健康な生徒が成長の過程で取り組む発達課題の克服を支援する「開発的」なカウンセリング態度（カウンセリング・マインド）の側面であるといわれてきたが，このマインドはこれからの教育の主流になるアクティブラーニングに通じるところがある。諸富祥彦はこの章で解説するロジャーズの教育観を紹介している。ロジャーズは学習の仕方を学習した人間，適応や変化の仕方を学習した人間を育てるべきであると主張し，その決め手となるのが「教師と生徒の人間関係の質」であると述べている。そして，教育の場面を仕切る教師ではなく，学習のファシリテーター（促進者）としての教師に求められる態度を2つ挙げている。1つは自分の考えを他者に押しつける「あなたは……」という主語を用いずに，一人の人間として自分を主語にした「私メッセージ」で感情を伝えることができることである。2つめは生徒を「受容」し，共感的に「理解」する態度である。これはロジャーズが重要視する「他者の尊重」にかかわるものであり，この姿勢がアクティブラーニングの環境を整えるための基礎になるということができる。

　この章ではさまざまなカウンセリング理論を取り上げ，それぞれが人間の意識，無意識，行動のどの側面にアプローチしようとしてきたのか，また，過去，現在，未来のどの方向に焦点づけをしているかを見ていく。これらのカウンセリング理論の相互の関係を理解することによって，成長の途中にある一人ひとりの児童生徒のどこに向き合っているのかを確認することができるはずである。

第2節　ウィーン学派の心理療法

　ここでは，まず，ウィーン学派として知られている3つの心理療法を紹介する。心の構造の理論化を行ったフロイトの精神分析，対人関係に焦点づけたアドラーの個人心理学（アドラー心理学），人生の意味を問うフランクルのロゴセラピー（実存分析）を概観し，「無意識」と治療目的の変遷をたどる。

1　精神分析

　19世紀末，シャルコーは身体的には問題がないのに身体的な麻痺などの症状を訴えるヒステリー患者に催眠を用いた治療を行っていた。これを学んだフロイトは，その原因が無意識の葛藤にあるとして，患者を寝椅子に横たえて，心に浮かんできたあらゆることをことばにするように求める自由連想法を用いた精神分析を創始した。自由連想法は不合理な行動や症状の原因となる無意識的な動機，欲望を意識化，言語化する方法であり，これにより問題となる身体症状から解放されるとした。

　精神分析では心的構造理論として，意識の側にある「自我」，無意識の側には「快楽原則」に従い「～したい」という欲望で満たされる「エス」，そして，その両方の領域にかかわりながら，幼児期の親のしつけや禁止が内在化した結果として良心や罪悪感を生じさせる「超自我」の領域が区別される（図7-1）。この超自我は「～しなければならない」「～してはいけない」という厳格な要求を自我に突きつけ，必要以上に行動を制限してしまう場合がある。一方で，自我は意識の主体としてイド，超自我，そして外界に対する調整を図り，「現実原則」に基づいて「～しよう」という判断にいたるのである。

　フロイトはイドに含まれる根源的なエネルギーが性にかかわるものと考え，それを「性リビドー」とよび，その幼児期からの発達段階を示している。そのようなエネルギーが潜む欲望や思いは自我が目標とする社会適応を脅かす脅威であるため，それらは「抑圧」をはじめとする「防衛機制」によって無意識の側に押しとどめられている。防衛機制のなかには，反動形成，否認などの神経症的な防衛から，親の態度を取り込む「同一視」，社会に受け入れられるかた

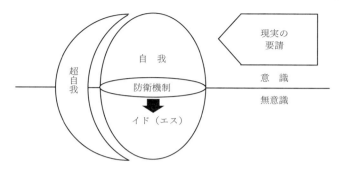

図 7-1 心の構造 （出典：筆者作成）

表 7-1 防衛機制の種類（一部）

1. **抑圧** 最も基本的な防衛機制であり，苦痛な体験や不快な思考，社会的に認められない願望を無意識の中に封じ込める働き。
2. **逃避** 必要のない行動を始めたり，空想にふけったり，体調が悪くなることで，結果的に置かれている困難な状況から逃れようとする働き。
3. **投影** 自分がもっている望ましくない感情を相手がもっていることにする責任転嫁の働き（私はなんともないのに彼女が私を嫌っている）。
4. **合理化** もっともらしい理屈で自分の失敗を正当化したり，得られなかった事物の価値を過小評価する働き（イソップ童話の「すっぱい葡萄」）。
5. **反動形成** 抑圧された衝動や願望が表に出てしまうことで自己評価が下がるのを恐れ，正反対の行動をとって抑圧を補強する働き。
6. **否認** 認めたくない現実を拒否し，その現実を遮断する働き。
7. **置き換え** 本来の対象に向けられるべき感情や欲求を，代わりの対象に向けて欲求不満を解消しようとする働き。
8. **同一視** 他人の優れた特性や実績を自分の態度や行動として取り込むことで，自己評価を高める働き（有名人や尊敬する人の服装や言動を真似る）。
9. **昇華** 社会的に承認されない抑圧された欲求や衝動のエネルギーを芸術やスポーツ，学問といった社会的に認められる価値ある目標に振り向ける働き。

（出典：筆者作成）

ちでエネルギーを利用する「昇華」のような成熟した防衛までさまざまな種類がある（表7-1）。

2 アドラー心理学（個人心理学）

　心の構成についての理論化を進めた精神分析と対照的に，アドラーは具体的な個人を理解することに焦点を当てた。そして，精神分析が症状の原因を無意

表 7-2　共同体感覚獲得に向けての3段階

1	**自己受容**	精神的に健康な状態として，あるがままの自分，欠点はあるにしても取り替え不可能な自分を受け入れ，それを有効に利用すること。
2	**他者信頼**	他者，この世界が敵ではないことを信じること。
3	**他者貢献**	他者に貢献することで自分の価値を認識すること。

(出典：筆者作成)

識に求めるのに対し，それを個人の自由意志の結果であると考える。たとえば，自分からいやな匂いが出ていると訴える自己臭恐怖の大学生が家から出られないのは，自己臭が原因ではなく大学に行かない理由としてそれを持ち出すのが都合がよいからという解釈をする。アドラー心理学において，「個」は対人的・社会的な文脈において認識されるものであると考える。そこでは「～であるから，～できない」という理由づけをする場合，個人のなかでの自我とイドの葛藤としてではなく，対人関係のかかわる事柄とみるのである。アドラーによれば，人間の悩みのすべては対人関係にあり，他者への「劣等感」や，その補償として他者よりも優れていなければならないと考える「優越感」といったコンプレックスの側面が強調されることになる。このようなコンプレックスに陥らないためには「課題の分離」の態度が求められる。それは，ある問題について「誰のなすべき課題なのか」を問い，それに責任を負うべき他者の判断を尊重することである。さらに，この態度は，対立者としての他者ではなく，同じ社会の構成員として共同体に貢献する他者との「共同体感覚」につながっていく。アドラーは個人がもっている自分や世界についての主観的な意味づけを「ライフスタイル」とよぶが，「共同体感覚」は個人に都合のよい「ライフスタイル」を超えたところにあり，そこにいたる段階として自己受容の段階，他者信頼の段階，そして他者貢献の段階という3つを挙げている（表7-2）。

3　ロゴセラピー（実存分析）

　ロゴセラピーは，強制収容所での体験をもとにした『夜と霧』の著者であるフランクルにより創始された。ロゴとは「意味」のことであるが，人間は自らの生きる意味を求めており，それが満たされないことが心の問題の中核にあるとする。ロゴセラピーの目的は，生きることへの無意味感や空虚感から脱し，

人生に翻弄されるのではなく，自らが主体となって人生に意味を与えるという「意味への意志」の獲得を支援することである。フランクルは人生において見出すことのできる価値として，職業や趣味をとおして実現される「創造価値」，自然や芸術から受ける「体験価値」，生きざまや使命感といった「態度価値」の３つを挙げている。これらの価値は学校において企画されるさまざまな特別活動にも含まれているはずであるが，もし，それらの活動に「意味が見出せない」と思うのであれば「逆転志向」を試すことができる。これはものの捉え方を逆に考えることで，たとえば，あがり症の生徒にうまく「あがる」仕方をみんなに見せることを助言する。これによってユーモアのある態度や表現を引き出せれば，それまでの外界の状況に埋め込まれた自分をそこから引き離し，自分を客観的に観察することを学ぶことができるのである。

　また，われわれは外界の事物や人に意味を求め，それを達成しようとする活動のなかで自己実現を達成しようとしているが，ロゴセラピーでは，そこに過度に自己実現の要素を付与してしまう「過剰志向」を問題と考える。過剰な志向は，実現不可能な状況をつくり出してしまい，そうできないことに対する「過剰反省」を生じさせてしまうからである。ここでの「反省」は自分自身に注意が集中することを示しているが，その自分を省みずに本来の目的である活動に注意を集中させることを「脱反省」という。この逆転志向も脱反省も，他者の評価を気にする「自意識過剰」の状況から逃れる「自己超越」の方法である。

　一般に，何かの作業に取り組んでいる自分の状況に対する気づきは「メタ認知」といわれ，現実検討力としての重要な資質であるが，健全な状態のそれは過剰な志向，過剰な反省を引き起こすものではない。無意識にまかせる活動はそのままにして，当の活動に専念することでみえてくる価値もあるのである。

第３節　来談者中心療法　──心理療法の転換点

　先に挙げたロジャーズは，それまでカウンセラーに指示される存在であった患者を「自発的な依頼者」という意味である「クライエント（来談者）」とよ

び，カウンセラーと対等の立場におく来談者中心療法を創始した。アドバイスを与えるのではなく，逆に話を「聴くこと」を重視する「非指示的カウンセリング」が特徴である。この療法で強調されるのは，「人間は基本的に成長や健康や適応に向かおうとする意欲をもっている」「適切な環境下では自ら問題を解決する力を発揮できる」「状況に対する知的な理解よりも感情的側面に焦点を当てる」という点である。この療法は人間の主体性や自己実現といった肯定的な側面を強調するヒューマニスティック心理学に分類されており，一人ひとりを独自の存在として見ようとするアドラー，フランクルの考え方に近いものである。

1 クライエントの問題とは何か？

(1) 他者からの価値と真の価値

カウンセラーからみると，クライエントはしばしば自身の能力にまったく釣り合わない活動を望んでいたり，自らの理想を語りながらもその確信がともなっていないように見えることがある。それは，クライエントが周囲の人の価値観や考え方に影響され，その役割を引き受けすぎたことによって自分の真の価値を見失っていることを示唆している。

(2) 自己と経験の不一致

人間は周囲からどのように評価されているかを意識しながら成長し，その過程で「自己概念」を形成していく。ある子どもは「家族のなかで厄介者の自分」あるいは「いつも失敗する自分」とイメージしているかもしれない。しかし，その思いが実際の行動や経験とは完全には一致していない場合，自分の自己概念に一致する経験は自分の自己概念を強め，一致しない経験は意識されずに自己概念から切り取られていく（図7-2）。

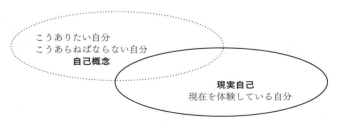

図7-2 自己と経験の不一致 （出典：筆者作成）

2 「傾聴」と「反射」の技法

クライエントはどうしたら自身の真の価値に気づき，現実の自己を受け入れるだろうか？　「傾聴」は，クライエントの話を真摯に「耳を傾けて聴く」ことであるが，聞き取れないくらい弱く語られる声のなかに，本人も気づいていなかった可能性が含まれているのである。また，クライエントが今ここで感じつつあることに評価を加えずに，そのまま受け取ってことばとして返す技法を「反射」という。それは「感情の反射」でもあり，クライエントの内的世界についてカウンセラーの理解が正しいかどうかを確かめる方法である。これにより，カウンセラーはクライエントにとって自分自身を描き出す鏡のような存在になることができる。

3 カウンセラーの役割と態度

来談者中心療法において強調されるカウンセラーの態度は，以下の3つである。

（1）受容，もしくは「無条件の肯定的配慮」

カウンセラーの価値観や好みによって取捨選択せず，クライエントのその側面にも偏りなく積極的かつ肯定的な関心を向けること。

（2）共感的理解

クライエントの私的世界を，その微妙なニュアンスにいたるまで，あたかもその本人のように感じ取り，感じ取ったことを丁寧に相手に伝え返していくことである。「あたかも」ということばは，カウンセラー自身がクライエントに対して保ちたい心理的距離を意味するが，これが相手を受け止める場合の「余裕」を意味する。

（3）純粋性もしくは「自己一致」

クライエントの話を聴くことで，カウンセラー自身のなかに生じてくる「感じ」に忠実についていくことである。その1つは，クライエントから伝わってくるものに対して「ああこうなんだ」と実感をもって応答していけることであり，もう1つは「自分が相手に何を感じるか」に気づいており，必要な場合にはその「感じ」を誠実にことばとしてクライエントにフィードバックできることを意味する。

第4節　心理療法の折衷的手法

今日，心理療法は複数の理論や技法に基づく複合的な療法として発展してきている。ここでは行動療法と論理療法が融合した「認知行動療法」，そして，利用可能な治療技法を柔軟に利用する「ブリーフセラピー」を紹介する。

1　認知行動療法

パヴロフの古典的条件づけにはじまる学習理論を説明原理として，症状を不適切な学習の結果と考え，適応的な行動の再学習をめざす方法が行動療法である。一方，「非合理的な信念」が不適切な行動の原因と考えるエリスの論理療法がある。ベック，バーンズらは，この2つの療法を統合し，思考と行動の両方の修正を目的とする「認知行動療法」として発展させた。認知の修正に重きを置く「認知再構成法」，ならびに行動の訓練に重きを置く「ソーシャル・スキルズ・トレーニング」「アサーション・トレーニング」などが知られている。

（1）認知再構成法（トリプルコラム法）

バーンズは，その時々の状況に応じてわき上がってくる思いを「自動思考」とよび，そこに含まれている非合理的な「認知の歪み」について10のパターンを挙げている（表7-3）。たとえば，自己臭恐怖のクライエントが，「自分では匂いは感じないが，電車に乗り込んだときに周囲の人が後ろを向き，咳をしたのは自分の臭いのせいだと思う。自分が原因だと気づかれそうになったので次の駅で降りた」と訴えた場合，そのときの否定的な「自動思考」には，「後ろを向いた，咳をした，だから自分が臭う」という「結論への飛躍」「レッテル貼り」などの「認知の歪み」がある。このような歪みの背景には，育った環

表7-3　認知の歪み

1．全か無かの思考，2．一般化のしすぎ，3．心のフィルター， 4．マイナス化思考，5．結論への飛躍，6．過大解釈と過小評価 7．感情的決めつけ，8．すべき思考，9．レッテル貼り， 10．誤った自己責任化（個人化）

（出典：バーンズ，D.（著）野村総一郎（監訳）フィーリングGoodハンドブック　星和書店）

第 7 章　教育相談にいかすカウンセリングの理論　91

表 7-4　トリプルコラム法の事例

動揺させる状況	電車に乗り込んだとたん，みんなが後ろを向いて，咳をした。		
その時の否定的感情	自分の臭いのせいだ。何とかしなくてはという焦り（90%），居心地の悪さ（90%）		
自動思考	**認知の歪み**		**合理的思考**
否定的な思考を書き出し，そう思える程度を点数化 私から変な臭いがするためにみんなに不快な思いをさせている。（70%）	**自動思考の含まれている歪みの種類** 一般化のしすぎ マイナス化思考		**より現実的な思考に置き換えて，そう思える程度を点数化** 咳をしていたのは一人だけだった。みんなが顔を背けるほどの臭いに自分が気づいていない。混雑した電車で場所をつめるのは当たり前のこと。（90%）

(出典：筆者作成)

境や体験によって形成されてきた価値観や人生観といった中核的な信念である「スキーマ」が影響しているが，「自動思考」の癖を書き出し整理することで客観的に根拠がないことを確認し，認知の修正から行動の修正を図っていく。

　トリプルコラム法は，不安や恐怖などのネガティブな自動思考を左コラムに書き出し，それが「認知の歪み」のどのパターンに当てはまるかを中間コラムに，感情から区別された事実を根拠とする合理的な思考を右コラムに書き出すことで，実際の行動について認知の再構成を図る方法である（表7-4）。

（2）ソーシャル・スキルズ・トレーニング（Social Skills Training: SST）

　SST は，社会生活技能訓練ともよばれ，社会的に困難をかかえる状況に対する対処法をゲーム，ディスカッション，ロールプレイなどをとおして学び，行動の制御，生活の質を向上させることを目的としている。SST では，問題行動の原因を最初にどんな場面が苦手で，どうしてそれが起こるのかについて「アセスメント（評価）」を行い，十数回のセッションで長期目標，短期目標を設定し，場面に合わせた部分的な行動の訓練とそのなかでの適切な行動に対する賞賛を繰り返しながら，セッションを繰り返す。これにより自己対処能力を高め，実践の生活場面で実践を行い，自立を援助する方法である。

（3）アサーション・トレーニング

　自分の意見を述べる場合に，それが他者の意見と一致しないことがあるのは当然である。しかし，自分の意見を通そうとすると攻撃的になってしまったり，逆にそれを抑えようとすると，言われるままに受け身になってしまったり

表 7-5 DESC 法（自分の要望を相手にうまく伝えるための 4 段階）

①描写する（Describe）	そこに生じている状況・事実を客観的に描写する。
②表現する（Express）	自分の主観的な気持ち，相手への共感を伝える。
③提案する（Suggest）	状況を変えるための具体性のある提案をする。
④選択する（Choose）	提案が受け入れられた場合，拒否された場合，次にどうするかの選択肢を示す。

（出典：筆者作成）

する。アサーションは「自分の気持ち，考え，信念などを誠実にその場にふさわしい方法で表現し，相手にも同じように発言することを奨励する態度」である。職場の人間関係改善，異文化適応を目的にした企業研修，学生相談などで相手との関係性の維持と改善，自尊心の向上を目標として，実践されている。

アサーティブに意見を伝える方法として DESC 法がある（表7-5）。たとえば，夕方に上司が仕事を持ってきた場合を例に挙げると，「了解です，この分量だと 3 時間ぐらいでできます（事実の描写）。でも，これからやると残業になってしまい，予約した歯医者の治療に間に合わなくなります（表現）。明日の午前中の対応で間に合いますか？（提案）」といった応対が考えられる。提案が受け入れられた場合には誠実で責任感のある行動をとること，受け入れられない場合も相手の思いを受け取り，さらに対応していくこと（選択）が求められる。

2　ブリーフセラピー

エリクソンは，来談者中心療法，認知行動療法という区別なく使える技法を柔軟に用い，短期間で効果を上げることを目的としたブリーフセラピーを提唱した。このセラピーの特徴は，クライエントがもっていながら気づいていない個人の資源（リソース）と立ち直る力（レジリエンス）を引き出すことである。リソースには本人の能力，知識や経験，興味関心などの内的なリソースと，友人，家族，所属するクラブの社会的ネットワークなどの外的リソースの両方がある。レジリエンスは，試練のなかでその問題をコントロールできるという感覚を意味する。セラピーでは，クライエントに自分を癒す能力と健康になる能力があることを伝え，現在の状況のなかで成就できそうな何か小さいよいこと

表7-6　SFBT の「中心哲学」

①うまくいっているなら，直そうとするな。

②一度でもうまくいったのなら，それを繰り返せ。

③うまくいかないなら，何か違うことをせよ。

(出典：筆者作成)

表7-7　ソリューショントークの分類と例

①「例外」さがし
うまくいかなかったなかでも，少しはうまくいったことはありませんか？

②ミラクル・クエスチョン
もし，奇跡が起きて問題がすべて解決したら，どんな生活になりますか？

③スケーリング・クエスチョン
今の気持ちは 10 点満点で何点ぐらいですか？

④コーピング・クエスチョン
どうして今まで切り抜けられてきたのでしょう。何が支えでしたか？

(出典：筆者作成)

を探求し，クライエントにはそのことに向けての賢明な努力を求める。これによって苦しみが軽減できると，クライエントが自分のなかの治癒力を確信し，それが大きなよい結果を生み出すことになる。このセラピーには多様な発展形があるが，以下にシェイザーとバーグの解決志向ブリーフセラピー（solution-Focused Brief Therapy: SFBT）を中心に取り上げる。

　SFBT の特徴は，「問題が何か？」ではなく「どうなればよいか？」という具体的な「解決」をゴールに設定にすること，大きな変化ではなく小さい変化に目を向けること，行動として実行可能なことを目標にすること，そして，ゴール設定を「〜（適応的な行動）ができる」といった肯定形で設定することである。そして，表7-6 に挙げた「中心哲学」によって解決に向けての PDCA を循環させるのである。面接の場面では，クライエントが問題解決の手がかりを探索できるような質問（ソリューション・トーク）が用いられる（表7-7）。

3　心理療法を支える認知的基盤

　近年，「認知」の側面が強調されるようになってきたが，それは何を意味するだろうか。まず，私たちは人や物に対して「いろいろな思い」を抱いている。それらは個人が周囲の環境を自分なりに解釈する「ベール」のようなもの

であり，同時に，外界からの刺激に対して瞬時に活性化する記憶の体系（スキーマ）でもある。私たちはそれなしでは自分の存在理由を見失い，周囲は自分と切り離されたモノの世界になってしまう。このような「外界に対応する表象世界」を構築する機能は「ワーキングメモリ」に組み込まれている。それは，長年の学習の成果として自動化された「スキーマ」と，それでは対処できない新しい事態に対応するための「中央実行系」の側面である。

　カウンセリングを必要とする場面は，既存のスキーマが現実と乖離してきた状況であるといえる。その修復には，実行系によって利用中のスキーマを別のスキーマに取り替えたり，既存のスキーマに新しいスキーマを組み込んだりすることが必要になる。スキーマは幾重にもチャンキングされた入れ子構造をもっているため，その修復には一度自動化されたスキーマの「外に出る」ことが必要になるが，その助けになるのが現実の世界の側にいるカウンセラーとの対話であり，実際に自分が行動した結果との照合なのである。カウンセラーがクライエントの過去に焦点を当てるのは，既存のスキーマのほころびを探すためであり，一方で「どうなればよいか」という質問をして未来に焦点を当てるのはクライエントに新しいスキーマの構築をうながしているとみることができる。

　心理療法は，スキーマというベールのほころびに「気づくこと」と「修復すること」の両方に関係している。そして，学校生活の活動のなかにはそのような気づきと修復のチャンスが数多く含まれている。

●参考文献
岸見一郎　2017　アドラーをじっくり読む　中央公論新社
黒沢幸子（編著）　2012　ワークシートでブリーフセラピー──学校ですぐ使える解決志向＆外在化の発想と技法　ほんの森出版
平木典子　2012　アサーション入門──自分も相手も大切にする自己表現法　講談社
諸富祥彦　1997　カール・ロジャーズ入門──自分が"自分"になるということ　コスモスライブラリー
森俊夫　2000　先生のためのやさしいブリーフセラピー──読めば面接が楽しくなる　ほんの森出版
横田正夫（編著）　2016　ポテンシャル臨床心理学　サイエンス社

第8章
教育相談のためのカウンセリング技法

第1節　カウンセリング

1　カウンセリングの定義

　教育相談は，生徒指導の一環として，児童生徒一人ひとりが生徒指導の内容を自分の課題として受け止め，どこが問題で，どのように行動すべきかを主体的に考え行動できるように支援する活動として位置づけられている。このような教育相談に期待される児童生徒の内面へのアプローチは，カウンセリングや心理面接と類似点が多い。そのため，教育相談の担い手である教師に対して，カウンセリングや心理面接の技法を修得することが求められるようになっている。

　カウンセリングとは，主にカウンセラーとの言語的コミュニケーションを通じて，クライエントが，自ら自身の内面を掘り下げることにより，自己理解と自己受容を進め，主体的に課題を解決していくことを支援する活動である。カウンセラーの役割は，クライエントが，自ら目標を見出し，その目標に向かって継続的に進んでいけるように，カウンセリングをコントロールすることである。そして，クライエントが，直面している特定の課題を解決するだけでなく，自立的に社会のなかで生きていく力を発達させ，将来遭遇するさまざまな問題に対する予防と解決を図る。

　カウンセリングと類似したことばに心理療法がある。一般的に，カウンセリングが健常者に対して，日常生活の悩みや不安，不適応などの問題解決を目的とした援助活動であるのに対して，心理療法はより深刻な心理的問題や精神疾患をもつ患者に対する治療や症状の軽減を目的とした活動をさすものとして用いられる。

2　カウンセラーの態度

カウンセリングを継続的かつ効果的に進展させるためには，カウンセラーとクライエントとの間に親密で暖かい感情の交流がなされていること（ラポール）が重要である。そのために，必要となるカウンセラーの基本的な態度として，来談者中心療法の提唱者であるロジャーズは，以下の３つを挙げている。

（1）自己一致

カウンセリングでは，カウンセラー自身もクライエントとの関係のなかでさまざまな感情や考えを抱く。そのなかには，クライエントに対する嫌悪感や不満など援助者として望ましくないものもあるが，カウンセラーは自分自身の抱くこのような感情や思考を否定したり歪曲したりすることなく受け入れ，自己を一致した存在として統合しておくよう努めなければならない。

（2）無条件の肯定的配慮

カウンセラーは，自分自身の価値観などにとらわれることなく，クライエントのあらゆる面に関心を向け，あるがままのクライエントを温かく受け止める姿勢でカウンセリングに臨まなければならない。

（3）共感的理解

カウンセラーが，カウンセリングのなかで示されるクライエントの感情やその背景を正確に感じ取り，あたかも自分のことのように理解することである。そして単に理解するだけでなく，そのことをクライエントに伝え返すことにより，両者で共有することが求められる。

3　守秘義務

医者や弁護士など一定の職業や職務に従事する者には，職務上知りえた情報を他者に漏らさず秘密を守る義務（守秘義務）を負っている。カウンセラーもこの職務にあたり，クライエントの相談内容が自他に危害を加える恐れがある場合や法による定めがある場合を除いて，個人情報や相談内容をクライエントの同意なく他者に開示することはできない。また，何らかの事情で，開示せざるをえない場合には，その条件などを事前にクライエントと話し合わなければならない。

第2節　カウンセリングの実際

1　面接室の環境

　面接室は，クライエントが安心して相談できるように，他の人々からのぞかれたり聞かれたりする不安がない閉ざされた環境でありつつ，一定の距離を保てるように配慮がなされた明るく心が落ち着く部屋であることが望ましい。
　面接室での着座位置は，カウンセリングを進めるうえで，重要な要素の一つである（図8-1）。対面位置では，クライエントは常にカウンセラーの視線にさらされ，緊張や集中が高まりやすい。斜め位置は，両者の関係や内容など，状況にあわせ自然に視線を変えることができるため，カウンセリングでは多く用いられている。並行位置は，視線の交差が困難で，真剣な話し合いには不向きな面がある。その一方，両者の対人距離が近く，同じ方向を向きながらの雑談や共同作業などを通じて和やかな雰囲気がつくりやすいという利点がある。

2　面接の基本的な流れ
（1）インテーク面接

　クライエントが初めて訪れた際に行われる最初の面接であり，受理面接ともいう。通常50分程度であり，インテーク面接の目的は，クライエントのかかえる問題を把握し，適切な援助方法は何かを検討することにある。医療機関等では，インテーク面接を専門に行う面接者が配置され，事前に用意されたインテーク用紙の項目に沿って行うこともある。具体的な項目は，相談内容，今までの経緯や発端，家族関係や家庭生活，学校や職場などの人間関係や生活

図 8-1　着座位置　（出典：筆者作成）

環境，健康状態（食欲，体重の増減）などである。ただし，クライエントの悩みや問題は複雑で，自身の問題を把握できていないケースも多く，その場合には，複数回の面接を費やすこともある。

また，インテーク面接で，守秘義務についても十分に説明し理解させ，安心して相談できる環境をつくることも重要である。

（2）各面接・セッション

一般的には，1回の面接は，週1回程度，50分程度行われる。面接の初めは，前回の面接の要約などをしながら，徐々に今回の本題へと進めていく。面接の終了時間が近くと，今回の面接を振り返り，面接の内容を要約し，達成した内容を確認しながら，カウンセラーとクライエントで内容を共有し，次回の日程を決定する。

3　カウンセリングのプロセス

（1）カウンセリング初期

カウンセリング初期の第一目標は，クライエントが安心してカウンセリングに臨めるようにラポールを構築することである。

クライエントの多くは，カウンセリング全体や各面接・セッションがどのようなものであるかを理解していない。カウンセリングを効果的にするために，カウンセリングやそのプロセス，各セッションの流れについて理解を深めてもらうことも，この段階での重要な目的の一つである。

（2）カウンセリング中間期

カウンセリングの目標に向かって，具体的に行動に移す段階であり，多くの面接回数を要するカウンセリングプロセスの中心である。

この期間の第一段階として，クライエントが，自身の心理世界を探索しながら課題や問題をクライエント自ら明確にする。次に，明らかになった課題や問題に対して，望ましい変化などを考えながら，カウンセリングの目標を決定する。ここでのカウンセラーの役割は，あくまでもクライエントの主体的な目標決定の援助であり，カウンセラーとクライエントが協力しながら目標を決定し，共有することが重要である。目標の決定後は，クライエント自身が自ら，目標に向かう道を探索・選択し，実際に行動に移せるように援助する。

（3）カウンセリング最終期

　クライエントが，目標を達成し，自信をもって自立的に行動できるようになってくると，カウンセリング関係を解消（終結）する準備をはじめる。

　この段階では，カウンセリング全体の振り返りや目標の達成の確認や成長した部分や達成したことがらなどを要約しながら，そのことをクライエント自身が感じるように援助する。また，クライエントが不安なくカウンセラーから離れられるように，徐々に面談の間隔を広げたり，事前に残り回数の目安を伝えるなどの工夫も効果的である。最終面接では，援助が必要であれば，いつでも相談に来てもよいということを伝えることも重要である。

　また，カウンセリングを進めても，問題が改善せず，むしろ悪化する場合やクライエントのかかえる問題がカウンセラーの能力を超えるような場合には，他の専門家にクライエントをゆだねる（リファー）ことでカウンセリングを終結することがある。リファーは，カウンセラーにとって望ましい結果ではないが，クライエントの問題解決を第一に考えれば終結の重要な方法の一つである。

第3節　カウンセリング技法

1　かかわり行動

　マイクロカウンセリングの創始者アイビイは，さまざまなカウンセリングや心理療法で用いられるコミュニケーションのかたちを技法として整理し，「マイクロ技法の階層表」としてまとめた（図8-2）。

　かかわり行動は，すべての技法の基盤として階層表の最下層に位置づけられ，主に非言語的なカウンセラーの態度や行動からなる4つの技法で構成されている（表8-1）。カウンセリングとは本来，主として言語的技法を用いた援助活動であるが，カウンセラーの態度や行動などの非言語的な情報は，言語表現の内容と同じかそれ以上に多くの情報を提供するため，かかわり行動はカウンセリングにおいて非常に重要である。

2　基本的傾聴技法

　傾聴とは，単に話を聞くという受動的な姿勢ではなく，相手を深く共感的に

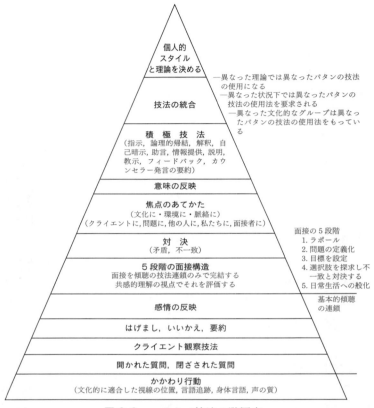

図 8-2 マイクロ技法の階層表

（出典：福原眞知子　2007　マイクロカウンセリング技法　風間書房）

表 8-1 かかわり行動

行動	内容
文化に適合した視線の位置	カウンセラーがクライエントと適切に視線を交差することにより、円滑な会話を進めることができる。
言語の追跡	カウンセラーは、クライエントの話の内容を飛躍させる必要はなく、クライエントの話を妨げないようにクライエントの関心にそってカウンセリングを進めることが基本姿勢である。
身体言語	カウンセラーが動作や姿勢等の身体的な表現によって傾聴を伝えることであり、リラックスした前傾姿勢は、もっとも基本的な傾聴動作である。
声の質	クライエントの感情にあわせて、カウンセラーが声の調子や話す速さを変化させて応答すること、クライエントに共感の姿勢が伝わりやすくなる。

（出典：筆者作成）

理解しようとする聴く側の積極的な姿勢であり，さまざまなカウンセリングや心理療法に共通する基盤である。傾聴技法とは，傾聴の姿勢を能動的にことばや態度で相手に伝える技法であり，傾聴技法を適宜，連鎖的に用いることで，クライエントの自己探索や自己理解を援助することができる。基本的傾聴技法とかかわり行動だけで，カウンセリングが展開することも少なくない。

（1）質問技法

質問の方法には，閉ざされた質問と開かれた質問の2つがある。閉ざされた質問とは，「はい」や「いいえ」などで答えるような質問方法であり，面接者が確認したい事柄など特定の内容に関する情報を得ることができる。ただし，閉ざされた質問が多くなりすぎると，尋問のようになり，カウンセリングがカウンセラーの関心に基づいて進む傾向がある。

開かれた質問とは，「どのように〜」や「何か〜」など疑問詞で始まる文や「〜について話してもらえませんか」などの問いかけである。開かれた質問では，クライエントに回答内容の裁量が与えられているため，クライエントの関心事に沿って話が進展しやすく，クライエントが自分自身を探求する助けとなる。

（2）クライエント観察技法

非言語的行動には，しばしば，クライエントがあえて口にしなかったり，ことばにできなかったりする感情が含まれており，表情などに言語として表現された内容と矛盾する行動が見られることがある。このようなクライエントの言動をよく観察することで，クライエントの心的世界への理解が深まり，カウンセリングを展開するための手がかりを得ることができる。

（3）はげまし，いいかえ，要約の技法

これらの技法は，共感の基礎となる技法である。はげましとは，クライエントの話にうなずいたり，あいづちをうつことで，カウンセラーが関心をもって聴いていることを表現し，その話を続けるようにクライエントを励ます技法である。また，クライエントの話の単語をそのままカウンセラーがクライエントに返すことで，クライエントにその内容についてさらに詳しい説明を促すこともでき，カウンセラーの共感やクライエントの自己理解が深まる。

いいかえとは，クライエントの話のなかから，重要と感じられるエッセンス

を抜き出して，クライエントが話した2，3語のキーワードを使いながら，クライエントに返す技法である。いいかえのことばがクライエントの考えや感情に合致すると，クライエントの問題が明確になり，面接が大きく進展することがある。

要約とは，これまでにクライエントが話した内容をカウンセラーが整理してクライエントに伝え返す技法である。これは，カウンセラーの理解が誤っていないかの確認作業であるとともに，クライエントがその内容の事実関係やそのことに伴う心理過程を再度振り返り整理するきっかけとなる。いいかえでは，クライエント自身が話した最後の2,3文の内容をいいかえて返すのに対して，要約はセッション全体やこれまでのセッションのなかで何度か繰り返された内容など，比較的長い期間内で話された内容をまとめるものである。

（4）感情の反映技法

「そのとき，とても悲しかったのですね」など，クライエントの感情を表すことばを投げかける技法である。クライエントは，自分や他者，過去や現在の出来事に対して不明確で未整理な感情や矛盾した感情を抱いていることも多い。この技法を通じて，感情とくに言語化されない感情を明確化し共感を伝えながら，クライエントに自らの感情に目を向けさせ自己理解が深まるように支援する。

3　複合的技法

対決技法・焦点の当て方・意味の反映の技法は，さまざまな技法の複合的技法として考えられている。

（1）対決技法

クライエントの行動や思考，感情などの不一致や矛盾などを指摘し，その説明や解決策について，クライエントに意見を求める技法である。この技法は，クライエントの気づきや自己対決を促し，クライエントの変化や成長の大きなきっかけとなる。この技法の影響力は強く，使用後にクライエントが守りの姿勢に入り，自身の内面を掘り下げることに抵抗を示すこともある。使用の際には，クライエントとの間に十分な信頼関係が構築できており，支持的な姿勢を示しながら用いることが重要である。

（2）焦点の当て方技法

たとえば，「〜のこと，家族はどう思っているのかな」と問いかけることで（家族に焦点を当てた開かれた質問），クライエントにこれまでとは別の観点を与えて，新しい展開をつくりだす技法である。クライエントの問題の多くは複雑であるため，カウンセラーが選ぶ焦点によってクライエントの新しい気づきや問題の再構成が促され，問題の理解や探求が深まる。

（3）意味の反映技法

人の行動，思考，感情は，それまでの生活のなかで無意識のうちに身につけた意味や価値観などが反映されている。この技法は，クライエントに「なぜ，そう考えるようになったのか」「そう感じるのか」「それを大切に思うのか」など，クライエントに自身の行動や思考，感情の背後にある意味や価値観を探求することを促す技法である。この技法により，クライエントは自らの価値観や，その価値観が自身の行動や思考，感情に影響していることなど，自己への気づきと深い理解が促進され，思考や行動に変化が生じやすくなる。

4　積極技法

積極技法とは，日常的に用いられるコミュニケーションの方法を用いて，クライエントに直接的で強いはたらきかけを行い，クライエントの行動を問題解決へ促す技法（表8-2）である。積極技法は，傾聴技法と比べると，クライエントに与える影響力が強く，クライエントの主体的な課題解決を支援するカウンセリングにおいて，性急な解決をめざして安易に用いるべき技法ではない。この技法を使用する際には，クライエントの自己探求の状況やカウンセラーとの関係などを考慮しながら，傾聴技法を織り交ぜて使用することが大切である。用いる言語表現は，わかりやすく，具体的で，特定的であることが重要である。また，使用後には，クライエントの変化に細心の注意を払い，技法の効果を常に確認する必要がある。

第4節　教育相談とカウンセリング

教育相談とカウンセリングには多くの共通点があり，教育相談に援用できる

表 8-2　積極技法

技法	内容
指示	クライエントに課題を理解させ，確実に行動できるように，カウンセラーがクライエントにとるべき行動の方向を指示する技法である。その際，一方的に指示を伝えるのではなく，クライエントが納得できるように伝えることが重要である。
論理的帰結	クライエントの行動によって起こりうる結果を予測するように促したり伝えたりする技法である。その際，良い結果，悪い結果の両方を予測するようにする。この技法により，問題解決に向け必要な選択が促される。
自己開示	カウンセラー自身の考えや気持ち，経験などを伝えることにより，クライエントの自己開示を促す。この目的を達成する上では，クライエントの経験に類似した共感的な事柄を，タイミングよく開示することが重要である。
フィードバック	クライエントの態度や行動などに対して，カウンセラーや第三者がクライエントをどのように見ているのかということに関する情報を提供することで，クライエントの自己の見直しや行動変容を促す技法である。
解釈	状況や経験，問題，行動に対してクライエントが見ている観点とは異なる新しい観点を，カウンセラーがクライエントに与える技法である。この技法により，クライエントは，これまでとは別の観点から見たり別の枠組みから考えるきっかけを与え，新しい展開が促される。
情報提供 / 助言 / 説明 / 教示	クライエントの関心や欲求にそって，カウンセラーが意見や知識，データや情報などを伝えたり，説明したりする技法であり，クライエントに新しい可能性に目を向けさせることに用いる。
カウンセラー発言の要約	カカウンセラーが自らの発言内容を整理，要約し，誤りなくクライエントが理解できるように伝える技法である。

（出典：筆者作成）

　カウンセリングの技法は多いものの，面接者となる教師とカウンセラーとの間には，環境や役割にさまざまな違いがある。

　カウンセラーは，クライエントの内的世界にのみかかわり，カウンセリング場面以外でクライエントとの接触は，職務上，避けることが求められており，クライエントの現実の社会的環境にはたらきかけることはない。そのため，カウンセラーが知りうる情報は，基本的にはカウンセリング内のクライエントの言動からもたらされるものにかぎられる。

　その一方で，教師は日ごろから学校という同じ環境で児童生徒と生活し，多くのかかわりをもち，かれらの日常場面での行動の様子や変化を直接観察することができる。また，担任や生徒指導主事，部活動の顧問など他の教職員から，多種多様な情報を容易に入手することもできる。さらに，他の教職員へのはたらきかけなどにより，クライエントの社会的環境を調整することも可能で

ある。他方で，日ごろの児童生徒の様子や他の教職員からの情報に影響され，面談中に目の前に表れるかれらの心的世界を誤って理解してしまう危険性がある。また，児童生徒との日常的なかかわりから，とくに自発的相談の場合，ラポールが比較的容易に構築できるといった利点がある反面，日常的かかわりがあるからこそ，児童生徒が相談をためらうケースも生じる可能性がある。

　守秘義務をどう考えるかについても違いがある。個々の児童生徒に多くの教職員がかかわる学校現場では，さまざまな教師が協力連携しながら児童生徒を援助することが重要となる。そのため，守秘義務をカウンセラーと同じように厳格に捉え，相談内容が教師個人内に留まれば，学校全体としての協調的な対応が妨げられ，指導や教育の効果が低下する可能性がある。これを避けるために，どのような内容を，どこまで情報を共有するのか（教師個人，児童生徒の対応にかかわる関連教員，校内全体など），守秘義務のルールについて校内で検討し，学内で共有しておくことも重要であろう。

　このようなカウンセラーと教師のさまざまな違いを考慮しながら，マイクロ技法の階層表の頂点に示されているように，カウンセリング技法を統合し，教師としての面接技法スタイルを確立するための努力が，現在の教師に求められている。

●参考文献
岡田守弘（監修）　2008　教師のための学校教育相談学　ナカニシヤ出版
佐治守夫・飯長喜一郎（編）　2011　ロジャーズ クライエント中心療法（新版）――カウンセリングの核心を学ぶ　有斐閣
福原眞知子・アイビイ，A. E.・アイビイ，M. B.　2004　マイクロカウンセリングの理論と実践　風間書房
福原眞知子（監修）　2007　マイクロカウンセリング技法――事例場面から学ぶ　風間書房
諸富祥彦　2014　新しいカウンセリングの技法――カウンセリングのプロセスと具体的な進め方　誠信書房

第9章
学校における問題行動の理解と対応

　時々刻々と変化する現代の生活環境は，成長期にある子どもにとっては大きな刺激となりうる。そのようななかで，子どもたちの学業成績，進路，部活動，友人関係，自分の性格，成長にともなう身体的特徴の変化，家族関係などの状況が，身体的にも精神的にも多く影響を及ぼしていることは想像できる。

　おとなたちは子どもたちを守ろうとするも，成長期であるがゆえの内的な脆さに対応できず問題が表面化することがある。もちろん，問題が表面化する前に対処できるに越したことはないが，実際は困難であるため表面化したときにこそ迅速な対応が求められる。そのためにも子どもたちの問題行動について広く理解をしておかなければならない。

第1節　問題行動とは

1　問題行動の定義

　問題行動について，文部省（現文部科学省）は，1977年に「学校における児童生徒の学業を阻害する行為や行動，換言すればいわゆる非行にとどまらず，学校において教育的な立場から特に指導が必要であると判断される行為や行動」と述べている（「生徒指導資料第8集 問題行動をもつ生徒の指導——高等学校編」）。さらに1979年には「保護者や教師や仲間が迷惑を被っている行動，法に触れ警察機関などが統制の対象とする行動，当人が悩み，困惑している行動などを問題行動ととらえる」（「生徒指導資料集第14集 生徒の問題行動に関する基礎資料——中学校・高等学校編」）としている。つまり，問題行動には他人に迷惑をかけたり法に触れたりなど，他人に対して攻撃的で社会で問題視されるような行動の他に，子どもたち自身が悩み，内にかかえる問題が表面化した行動の2側面があるといえる。

第 9 章　学校における問題行動の理解と対応　107

表 9-1　問題行動の 3 つの種類

問題行動	内　容
社会規範からの逸脱（反社会的行動）	フラストレーション事態において生じた不快な情動が攻撃行動を生起させたり，認知過程において攻撃が有効であると判断された時に生じる。また，他者の注目を喚起するためにわざと攻撃したり逸脱するといった，注目獲得行動の場合もある。
引きこもってしまい，社会参加が達成されない（非社会的行動）	他者とどう関わってよいのかがわからない場合や，他者からの評価場面で生じる。不安反応が適切な行動を抑制する場合に発生する。
習癖や自傷行為などの日常生活に支障をきたしたり，自己を傷つけるような行動	不安低減・課題回避・注目獲得・感覚的な強化などの機能をもっている。

（出典：中島義明・安藤清志・子安増生・坂野雄二・繁桝算男・立花政夫・箱田裕司（編）1999　心理学辞典　有斐閣　をもとに作成）

　また，心理学では問題行動を反社会的行動，非社会的行動，習癖（習慣となったよくないとされる癖）や自傷行為の 3 つに大別する（表9-1）。反社会的行動は，欲求不満によって生じた不快な情動が攻撃行動を誘発したり，何らかの目標を達成するため攻撃すること自体が有効であるなどと判断したときに起こる。また，他者の注目を集めるために故意に行動に移す場合もある。非社会的行動は，人との積極的なやり取りを回避し，対人場面に際して強い不安や緊張，あるいは抑うつ傾向を示し，結果的に社会的に孤立しがちな行動になるという特徴がある。習癖や自傷行為は，その行動自体が，不安を低減したり，課題を回避したり，注目を集めたり，感覚を強化する（痛みなどの刺激が報酬になったりするなど条件づけられる）などの機能をもっている。

2　児童生徒の問題行動等生徒指導上の諸問題に関する調査

　2015（平成27）年に文部科学省は「児童生徒の問題行動等生徒指導上の諸問題に関する調査」を行っている。そこでの項目は，表面化した問題行動であるといえる。その内容を以下に記すことにする。

（1）暴力行為

　暴力行為とは，「自校の児童生徒が，故意に有形力（目に見える物理的な力）を加える行為」のことである。暴力行為には，生徒間暴力（何らかの人間関係がある児童生徒同士にかぎる），対人暴力（対教師暴力，生徒間暴力の対象者を除

108

表 9-2　暴力行為の種類と例

暴力行為	例
対教師暴力	指導されたことに激高して教師の足を蹴った 教師の胸倉をつかんだ 定期的に来校する教育相談員を殴った その他教職員に暴行を加えた，など。
生徒間暴力	同じ学校の生徒同士がけんかとなり双方が相手を殴った 部活動中に上級生が下級生に対し指導と称して清掃道具でたたいた 遊びやふざけを装って特定の生徒の首を絞めた その他何らかの人間関係がある児童生徒に対して暴行を加えた，など。
対人暴力	学校行事に来賓として招かれた地域住民に足蹴りをした 他校の見知らぬ生徒と口論になり殴ったり蹴ったりした 登下校中に通行人にけがを負わせた その他，他者（対教師及び生徒間暴力の対象を除く）に対して暴行を加えた，など。
器物破損	教室の窓ガラスを故意に割った 補修を要する落書きをした 学校で飼育している動物を故意に傷つけた 他人の私物を故意に壊した，その他学校の施設・設備等を故意に壊した，など。

（出典：筆者作成）

く），器物損壊（学校の施設・設備等）の4つをさしている（表9-2）。

（2）いじめ

　いじめ防止対策推進法（平成25年法律第71号）によると，いじめとは，「児童生徒に対して，当該児童生徒が在籍する学校に在籍している等当該児童生徒と一定の人的関係にある他の児童生徒が行う心理的又は物理的な影響を与える行為（インターネットを通じて行われるものを含む。）であって，当該行為の対象となった児童生徒が心身の苦痛を感じているもの」とされ，「起こった場所は学校の内外を問わない」とされている。

（3）出席停止

　学校基本法第35条には「市町村の教育委員会は（中略）性行不良であって他の児童の教育に妨げがあると認める児童があるときは，その保護者に対して，児童の出席停止を命ずることができる」とある。出席停止は，本人への懲戒ではなく学校の秩序を維持するための措置である。

（4）長期欠席

　年度間に30日以上欠席した者を対象としている。長期欠席には，病気，経済的理由，不登校などがある。とくに不登校とは，「何らかの心理的，情緒

的，身体的，あるいは社会的要因・背景により，児童生徒が登校しないあるいはしたくともできない状況にある者（ただし，「病気」や「経済的理由」による者を除く。）」とある。具体的な例として，友人関係または教職員との関係に課題をかかえているため登校しない（できない），遊ぶためや非行グループに入っていることなどのため登校しない，無気力で何となく登校しない，迎えに行ったり強く催促したりすると登校するが長続きしない，登校の意志はあるが身体の不調を訴え登校できない，漠然とした不安を訴え登校しないなど，不安を理由に登校しない（できない），などである。

（5）中途退学（高等学校）

退学者とは，「年度の途中に校長の許可を受け，又は懲戒処分を受けて退学した者等」のことで，転向者，いわゆる飛び級入学により大学へ進学した者は含まない。

（6）自殺

「年度間に死亡した児童生徒のうち，警察等の関係機関とも連携し，学校が把握することができた情報を基に，自殺であると判断したもの」を自殺としている。

第2節　問題行動の出現状況

1　暴力行為・いじめ・出席停止・長期欠席・中途退学・自殺

表9-3は，上述の「児童生徒の問題行動等生徒指導上の諸問題に関する調査（速報値）」から，その特徴をまとめたものである（2016（平成28）年10月27日に公表）。この値は，2015（平成27）年度のものであり，同時に前年の数値も記した。

暴力行為の発生に関して，暴力行為が学校の管理下で発生した学校数の割合は28.5％（前年度25.6％），学校の管理下以外で暴力行為を起こした児童生徒が在籍する学校数の割合は6.05％（前年度7.26％）であった。また表からは，前年度との比較から特に中学校において顕著な特徴がみられる。それは，いじめの件数が増えていることであり，いじめ問題による自殺という不幸につながるということが危惧される。さらに，不登校が増加していることは，不登校を選

表 9-3 平成 27 年度問題行動の状況

問題行動	状況				備考
	全体（小中高等学校）	中学校	高等学校	割合等	
暴力行為	56,963 件 前年度 54,246 件	33,121 件 前年度 35,683 件	6,705 件 前年度 7,091 件	4.21 件/1,000 人	―
いじめ	224,540 件 前年度 188,072 件	59,442 件 前年度 52,971 件	12,654 件 前年度 11,404 件	16.4 件/1,000 人	全体に特別支援学校含む
出席停止	15 件 前年度 25 件	14 件 前年度 25 件		―	対教師暴力 5 件 生徒間暴力 5 件 対人暴力 5 件
小中学校の 長期欠席 （不登校等）	194,933 人 前年度 185,051 人 うち、不登校 126,009 人 前年度 122,897 人	131,844 人 前年度 127,189 人 うち、不登校 98,428 人 前年度 97,033 人		不登校 1.26% 前年度 1.21%	90 日以上欠席 57.4% 出席日数 10 日以下 10.5% 出席日数 0 日 3.49%
高等学校の 長期欠席 （不登校等）			79,207 人 前年度 80,613 人 うち不登校 49,591 人 前年度 53,156 人	不登校 1.49% 前年度 1.59%	90 日以上欠席 23.4% 出席日数 10 日以下 4.69% 出席日数 0 日 2.029%
高等学校 中途退学			49,001 人 前年度 53,391 人	1.40% 前年度 1.52%	学校生活・学業不適応 34.1% 進路変更 34.5% 経済的理由 2.73%
自 殺	214 人 前年度 232 人	56 人 前年度 54 人	154 人 前年度 171 人	―	いじめ問題による 9 人

（出典：平成 27 年度 児童生徒の問題行動等生徒指導上の諸問題に関する調査（速報値） をもとに作成）

択することによって最悪の事態から逃れているとも考えられる。多感な中学生においては，いじめと自殺，不登校の関係について慎重に扱うことが必要となるであろう。いずれにせよ，教師のみならず社会全体で山積する問題行動への対処について考えていかなければならない。

2　その他の問題行動

（1）万引き

法に触れる問題行動として，万引きがあげられる。万引きは刑法235条に触れる窃盗である。2014（平成26）年度版の『犯罪白書』によると，1994（平成6）年は20歳未満の検挙数が3万830件（全体6万5,596件）で全体の46％であったが，2013年では1万6,760件（全体8万5,464件）で全体の20％にまで減少している。

2012（平成24）年に，文部科学省および警察庁の協力のもと，特定非営利活動法人全国万引犯罪防止機構によって示された「第七回万引きに関する全国青少年意識調査・分析報告」のなかで，万引きは「誰にでもできる犯罪」で，「刑罰を科すまでもない犯罪」と述べられている。万引きを発見しても，小売店などの教育的な配慮により「経営者はその子を厳しく叱っても警察へ届け出たりはしない」ことで，見かけ上は少ない可能性も考えられる。また，万引きをなくすためには万引きをしないように呼びかけるだけではなく，万引きに誘われたときどうするか，万引きを目撃したらどうするのか，などの具体的な指導が必要であると述べている。

（2）喫煙・飲酒

喫煙は「未成年者喫煙禁止法」，飲酒は「未成年者飲酒禁止法」により20歳未満は禁止されている。とくに未成年の喫煙は薬物乱用へつながる可能性があると指摘されている。

（3）学級がうまく機能しない状況（学級崩壊）

2000年に文部省（現文部科学省）により示された「いわゆる「学級崩壊」について――『学級経営の充実に関する調査研究』（最終報告）の概要」では，「学級担任の指導力不足の問題や学校の対応の問題，子どもの生活や人間関係の変化及び家庭・地域社会の教育力の低下」を指摘し，これらは「複合的な要

112

因が積み重なって起こるもの」であるため，「複合している諸要因に一つ一つ丁寧に対処していかなければならないものと考えること」を示した。それを受けて，①状況をまずは受け止めること，②困難さと丁寧に向き合うこと，③子ども観の捉え直し，④信頼関係づくりとコミュニケーションの充実，⑤教育と福祉，医療など境界を超える協力・連携，⑥考え工夫したり研修を充実するなど，考え試みる習慣と知恵の伝承を対処としてあげていた。

　その後，学級崩壊と子どもの発達障害との関連の視点から研究が進められている。近年では，ADHD（注意欠如多動性障害），LD（学習障害），自閉症スペクトラムなどの発達障害の子どもたちへの理解も進み，特別支援学校（学級）の役割が充実している。

第3節　問題行動の背景と早期発見・対応

1　問題行動は子どもからの SOS 信号

　教育場面での環境調整の視点から，「多くの問題行動は，その人の資質上の問題とともに，環境上の問題の反映と考えられ，ある人の問題行動はその人の環境に対する正常な反応であることが少なくない」（新・教育心理学辞典）ことが指摘されている。さらに「環境上の問題を解決すれば解消または軽減する問題行動も少なくない」としている。ここで強調すべきことは，子どもが問題行動を起こすのは，その子どもが今置かれている環境に適応するための正常な反応であるということである。つまり，子どもたちの問題行動は，助けを求めている反動であるということを心に留めておかなければならないのである。

2　子どもが発するサイン

　表9-4 は問題行動につながるサインについてまとめたものである。子どもたちは，成長段階であるが故に不安定になることもあり，誰でも問題行動を起こす可能性がある。問題行動には何らかの予兆があり，子どもたちを注意深く観察すること，子どもとの会話，他の教師との情報交換，保護者との懇談，などで早期発見できる。

第9章　学校における問題行動の理解と対応　113

表 9-4　問題行動のサイン

項　目	内　容
服装など	・髪型，服装などに気を配り，特異が目立つようになる。学校のきまりを守らなくても平気になる。
言葉遣い	・保護者や教員の指導に対して，言い逃れ，うそ，反抗，無視がある。 ・投げやりで乱暴になる。下品な言葉や児童生徒が通常使わない言葉を使う。
友人関係・人間関係	・急に人間関係が変わり，孤立する。 ・遊び仲間との時間が多くなり，頻繁に連絡する。 ・性に関する関心が強くなり，異性に対してことさら目立つ言動をする。
学級・ホームルーム・授業中などの態度	・無断欠席，遅刻，早退が多くなる。 ・夜遊びや深夜のテレビ・ゲームなどで，授業中に居眠りが多くなる。 ・勝手に違う席に座る。 ・教員の指示に従わず，私語を繰り返す。 ・携帯電話が鳴り，急いで教室を出る場合がある。 ・顔色が悪く元気がなく，無力感が感じられる。また，目線が一定でなく常に他人を気にする。 ・学級での役割を平気でさぼる。学校行事に参加しない。
持ち物	・タバコを持っている。 ・教科書を持たずにいても平気でいる。 ・漫画，化粧品を学校に持ってくる。菓子などを教室などで食べる。 ・高額なお金を持っている。金遣いが荒くなる。他人に食べ物などをおごったり，逆におごられたりする場面が多くなる。
家庭	・食欲がないと言って朝食をとらずに学校に来る。 ・夜間外出が多くなる。帰宅時間が遅くなる。 ・顔や体に傷やあざがある。

（出典：文部科学省　2010　生徒指導提要　から抜粋一部加筆）

3　問題行動への対応

（1）チームとしての学校

　2015（平成27）年12月21日，中央教育審議会は「チームとしての学校の在り方と今後の改善方策について（答申）」を示した。ここでは「多様な専門人材が責任を持って学校に参画」すること，「チームとしての学校と地域の連携・協働を強化」することが強調されている。問題行動は，教師のみでかかえ込まないで，スクールカウンセラー（SC）やスクールソーシャルワーカー（SSW）などの専門家に援助を要請し，さらに教育委員会，学校評議員，学校運営協議会，地域，保護者などが一体となって問題の解決に取り組まなければならない。

　表9-5にSCとSSWの役割についてまとめた。SCは心理的な援助を行うことに対して，SSWは問題解決のために社会制度などの環境的なはたらきかけの支援をするというように，専門家として学校運営に参画する。

表9-5　スクールカウンセラーとスクールソーシャルワーカーの役割等

名称	スクールカウンセラー（SC）	スクールソーシャルワーカー（SSW）
人材	児童生徒の臨床心理に関して高度に専門的な知識・経験を有する者	教育分野に関する知識に加えて，社会福祉等の専門的な知識や経験を有する者
主な資格等	臨床心理士，精神科医等	社会福祉士，精神保健福祉士等
手法	カウンセリング（子供の心のケア）	ソーシャルワーク（子供が置かれた環境（家庭，友人関係等）への働き掛け）
配置	学校，教育委員会等	教育委員会，学校等
主な職務内容	①個々の児童生徒へのカウンセリング②児童生徒への対応に関し，保護者・教職員への助言③事件・事故等の緊急対応における児童生徒等の心のケア④教職員等に対する児童生徒へのカウンセリングマインドに関する研修活動⑤教員との協力の下，子供の心理的問題への予防的対応（ストレスチェック等）	①家庭環境や地域ボランティア団体への働き掛け②個別ケースにおける福祉等の関係機関との連携・調整③要保護児童対策地域協議会や市町村の福祉相談体制との協働④教職員等への福祉制度の仕組みや活用等に関する研修活動

（出典：学校における教育相談に関する資料（平成27年12月17日：文部科学省初等中等教育局児童生徒課）から抜粋）

（2）暴力行為・喫煙・万引きなど

　これらの問題行動は，起こした子どものみならず，他の子どものためにも時機を逃さず，迅速にそれらの事実を正確に把握することが重要である。学校は児童生徒のプライバシーに十分配慮することを大前提として，問題を隠すことなく教師間での共通理解を図って指導にあたる。特に問題行動を繰り返す者に対しては，出席停止や懲戒等の措置を含めて，毅然とした態度で指導・対応することが必要である。これは，いじめの加害者にも該当する。

（3）いじめ

　「いじめの辛さはいじめられた者にしかわからない」といわれる。被害者やその家族，周りの人にとって，いじめは悲惨な状況しか生まない。いじめは人権侵害にあたり，絶対に許されないという意識を徹底させることが重要である。教師は未然に防ぐ努力を怠ってはならない。

　「生徒指導提要」（2010：文部科学省）では，いじめの原因として，①心理的ストレス（過度のストレスを集団内の弱い者への攻撃によって解消しようとする），②集団内の異質な者への嫌悪感情（凝集性が過度に高まった学級集団などにおいて，基準から外れた者に対して嫌悪感や排除意識が向けられる），③ねたみや嫉妬

感情，④遊び感覚やふざけ意識，⑤いじめの被害者となることへの回避感情，などがあげられている。いじめは発見しにくい問題と考えられているが，子どもが被害者にならないために，また加害者にならないために，子どもを守るという強い意志のもとで普段から言動を十分に観察してコミュニケーションをとることが重要である。また，いじめについてのアンケートを実施するなどして，小さなサインを見逃さないようにし，サインに気づいたならばすぐに対応しなければならない。

　近年では，インターネットやSNSを介したいじめ，いわゆるネットいじめが問題となっている。相手が直接見えないため軽い気持ちで書き込みをするが，書き込まれた当人はその内容が多数の人に知れ渡るため心に大きな傷を受ける。投稿ボタンを押す前に，その投稿は本当に必要か，本当に投稿するのか，その後の最悪の事態まで考えているのか，もう一度考えさせなければいけない。

　不幸にもいじめが発覚した場合には，学校は緊急に校長など管理職の指示のもとでプロジェクトチームをつくり，子どもの命を守ることを最優先事項とし，「チームとしての学校」の機能を生かして迅速に問題の解決を図らなければならない。

（4）不登校

　不登校になるきっかけは，不安，友人関係，無気力，生活リズムの乱れ，いじめ，などが考えられる。ここでは不登校を問題行動として扱っているが，2016（平成28）年に文部科学省は，「不登校児童生徒への支援の在り方について（通知）28文科初第770号」のなかで，「不登校とは，多様な要因・背景により，結果として不登校状態になっているということであり，その行為を「問題行動」と判断してはならない」と指摘している。つまり，不登校に陥る子どもが悪いという偏見を払拭して，「学校・家庭・社会が不登校児童生徒に寄り添い共感的理解と受容の姿勢をもつことが，児童生徒の自己肯定感を高めるためにも重要」ということである。不登校に陥るのには何らかの理由があるはずである。そこには本人の責任ではなく一人では解決できない原因があるため，周りの人々はその背景を明らかにし理解をしていくことが大切である。さらに，「『学校に登校する』という結果のみを目標にするのではなく，児童生徒が

表 9-6 不登校児童生徒に対する効果的な支援の充実について

効果的な支援	詳 細
不登校に対する学校の基本姿勢	教員だけでなく，様々な専門スタッフと連携協力し，組織的な支援体制を整えること。
早期支援の重要性	予兆への対応を含めた初期段階からの組織的・計画的な支援が必要。
効果的な支援に不可欠なアセスメント	不登校の要因や背景を的確に把握するため，学級担任の視点のみならず，スクールカウンセラー及びスクールソーシャルワーカー等によるアセスメント（見立て）が有効である。
スクールカウンセラーやスクールソーシャルワーカーとの連携協力	スクールカウンセラー及びスクールソーシャルワーカーを効果的に活用し，学校全体の教育力の向上を図ることが重要。
家庭訪問を通じた児童生徒への積極的支援や家庭への適切な働き掛け	定期的に家庭訪問を実施して，児童生徒の理解に努める必要がある。 家庭訪問を行う際は，常にその意図・目的，方法及び成果を検証し適切な家庭訪問を行う必要がある。 家庭訪問や電話連絡を繰り返しても児童生徒の安否が確認できない等の場合は，直ちに市町村又は児童相談所への通告，警察等に情報提供を行うなど，適切な対処が必要であること。
不登校児童生徒の登校に当たっての受入体制	不登校児童生徒が登校してきた場合は，温かい雰囲気で迎え入れられるよう配慮するとともに，保健室，相談室及び学校図書館等を活用しつつ，徐々に学校生活への適応を図っていけるような指導上の工夫が重要。
児童生徒の立場に立った柔軟な学級替えや転校等の対応	いじめが原因で不登校となっている場合等には，いじめを絶対に許さない然とした対応をとること。 いじめられている児童生徒の緊急避難としての欠席が認められてもよく，その後の学習に支障がないよう配慮が求められる。 いじめられた児童生徒又はその保護者が希望する場合には，柔軟に学級替えや転校の措置を活用すること。 教員による不適切な言動や指導が不登校の原因となっている場合は，問題の解決に真剣に取り組むとともに，十分な教育的配慮の上で学級替えや転校を柔軟に認めていくこと。

（出典：不登校児童生徒への支援の在り方について（通知）（平成 28 年 9 月 14 日：文部科学省 28 文科初第 770 号）から抜粋）

自らの進路を主体的に捉えて，社会的に自立することを目指す必要がある」としている。

2016（平成 28）年 7 月に，不登校に関する調査研究協力者会議が示した「不登校児童生徒への支援に関する最終報告——一人一人の多様な課題に対応した切れ目のない組織的な支援の推進」のなかで，不登校にとくに効果があった取り組みとして，「家庭訪問を行い，学業や生活面での相談に乗るなど様々な

指導・援助を行った」「登校を促すため，電話をかけたり迎えに行くなどした」「保護者の協力を求めて，家族関係や家庭生活の改善を図った」「スクールカウンセラー等が専門的に指導にあたった」などがあげられている。また，不登校経験者は，「心の悩みについての相談」「自分の気持ちをはっきり表現したり，人とうまくつきあったりするための方法についての指導」を受けたかったと回答していることから，心理的支援を求めている子どもが多いことがわかる。不登校状態の改善には，家庭へのはたらきかけや SC や SSW 等の活用が有効である。

上述の通知（28 文科初第 770 号）には，不登校が生じないような学校づくりとして，①魅力あるよりよい学校づくり，②いじめ，暴力行為等問題行動を許さない学校づくり，③児童生徒の学習状況等に応じた指導・配慮の実施，④保護者・地域住民等の連携・協働体制の構築，⑤将来の社会的自立に向けた生活習慣づくりを掲げ，不登校児童生徒に対する効果的な支援の充実について示している（表 9-6）。ここでも，SC や SSW などの専門家や地域社会との連携を図り，問題解決をすることが強調されている。

問題行動は，子どもたちの助けを求めるサインの表れである。教師はそのサインを早い段階で発見し，問題になる前に対処しなければならない。子どもを守るという使命のもと，常日頃から子どもたちを理解していくことが最重要事項であるといえる。

●参考文献 ─────────────────────────────
岡田尊司（監修）　魚住絹代（著）　2013　子どもの問題 いかに解決するか──いじめ，
　　不登校，発達障害，非行　PHP 研究所
加藤寛子（編著）　西川純・藤川大祐・内藤朝雄（編）　2016　ネットいじめの構造と対
　　処・予防　金子書房
高橋陽一・伊東毅（編）　2016　新しい教育相談論　武蔵野美術大学出版局
依田新（監修）　1979　新・教育心理学辞典　金子書房

第 10 章
学校における不登校の理解と対応

第 1 節　不登校の現状

1　不登校の背景

　文部科学省の定義によると，不登校とは「連続または断続して年間 30 日以上欠席し，何らかの心理的，情緒的，身体的，または社会的要因や背景により，児童生徒が登校しない，あるいは登校したくてもできない状況である（ただし病気や経済的な理由によるものを除く）」のことである。つまり，不登校は「登校の意志と義務感をもち，本人なりに努力しながらも，何らかの背景や理由があって学校へ行けない状態」ということであり，心理・教育的な対応や支援を必要とする症状をさすものである。周囲の人びとが不登校に陥った児童生徒の本当の意味を理解せずに，一方的に強く指導したり，極端に励ましたりするだけでは，かえって事態をこじらせることになりやすい。

　一般に，児童生徒が不登校になってしまう原因や背景には，「社会的要因」「学校の要因」「家庭の要因」が考えられる。社会的要因は，進路を取り巻く日本社会の問題，地域の教育力の低下などが関係する。学校の要因は，教師や友人との人間関係，勉強がわからない，いじめがあった，部活動でのトラブルなどである。家庭の要因は，親子関係や夫婦関係，家庭の経済的な問題，保護者の疾病などが関係する。それらに加え，「本人の要因」がある。本人の性格や育ち方，目標のもち方などが大きな背景になる。同じような要因が影響を与えるといっても，不登校になるかどうかは個々のケースによって異なる。直接的，間接的な要因の強さ，具体的に加わったきっかけが複雑にからみ合うからである。

　最近注目されているのは，発達障害と不登校との関係である。発達障害とは，学習障害（LD），注意欠如多動性障害（ADHD），自閉症スペクトラム

(ASD) などの総称で約 6.5％の子どもが含まれるが，不登校の状態にある児童生徒のなかで，発達障害の割合が 3 割程度であるという報告も見受けられる。発達障害の子どもが不登校になってしまう背景にはさまざまな要因が潜在すると思われるが，一方で，この事実は学校に通っている発達障害の子どもが不登校になる可能性のあることを意味している。発達障害による不登校の問題は今後の課題であり，教師や保護者はきちんとした理解と支援を考えなければならない。

2 不登校の実態

現在，不登校の状態である児童生徒数はどのくらいだろうか。図 10-1 は，1991（平成 3）年から 2016（平成 28）年までの小学校・中学校における不登校者の推移，図 10-2 は，2004（平成 16）年から 2016（平成 28）年までの高等学校における不登校者数の推移を示したものである。

文部科学省が 2017（平成 29）年 10 月に公表した長期欠席者数によると，2016（平成 28）年度に年間 30 日以上欠席した国公私立学校の不登校児童生徒

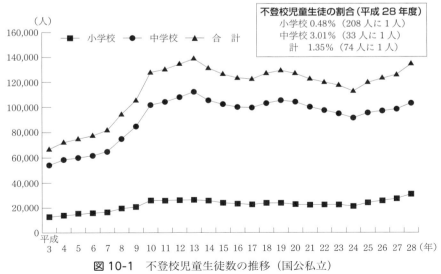

図 10-1 不登校児童生徒数の推移（国公私立）

（出典：文部科学省　児童生徒の問題行動・不登校等生徒指導上の諸課題に関する調査（2017 年 10 月 26 日公表））

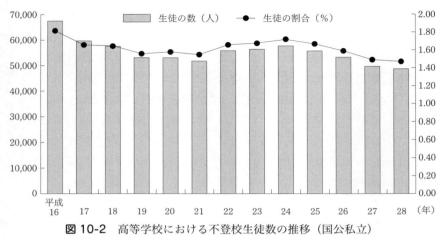

図 10-2 高等学校における不登校生徒数の推移（国公私立）

（出典：文部科学省　児童生徒の問題行動・不登校等生徒指導上の諸課題に関する調査（2017年10月26日公表））

数は，小学校3万1,151人，中学校10万3,247人，計13万4,398人であった。また，同じく高等学校の不登校生徒は4万8,579人であった。このうち，90日以上欠席している者は，小学校1万3,738人，中学校6万3,712人，高等学校1万1,151人であった。また，出席日数が0日の者は，小学校878人，中学校4,083人，高等学校829人であった。小学校は0.48％（208人に1人），中学校は3.01％（33人に1人），高等学校は1.47％（68人に1人）の割合である。高等学校は2012（平成24）年以降，若干の減少が続いているが，小中学校は一時の減少傾向から，ここ数年増加傾向にある。

3　不登校の要因

　不登校の要因を学校別にみていこう。小学生で多いのは，本人にかかわる要因では「不安の傾向」「無気力の傾向」などである。学校にかかわる要因は「いじめを除く友人関係をめぐる問題」「学業の不振」などである。家庭にかかわる要因は「無気力の傾向」「不安の傾向」などである。小学校の場合は，本人と本人を取り巻く環境との関係から，「不安」と「無気力」が大きな原因になっている。

中学校では，本人にかかわる要因として「無気力の傾向」「不安の傾向」が多く，次いで「学校における人間関係」が続く。学校にかかわる要因は，「いじめを除く友人関係をめぐる問題」が多い。学校にかかわる要因は「いじめを除く友人関係をめぐる問題」「学業の不振」などである。家庭にかかわる要因は「無気力の傾向」「不安の傾向」などである。中学校の場合は，「入学・転編入学・進級時の不適応」「進路に係る不安」「クラブ活動・部活動等への不適応」など，本人の所属感への思い悩みが不登校の原因として表面化する。

不登校への対応や支援が難しいのは，発達障害があるかないかを含め，一人ひとりがそれぞれ異なる要因をもち，対応方法が同じというわけにはいかないからである。原因を取り除けば登校できる事例もあるが，本人自身や本人を取り巻くさまざまな要因が影響し合っている場合には，解決をいっそう難しいものにする。さらに，小学生から中学生になると，学校生活や学習環境の変化になじめず不登校やいじめが急増する現象，いわゆる「中1ギャップ」についても，小学校と中学校が連携して対応していかなければならない。

高等学校に不登校生徒がいないわけではないが，義務教育でないことを考えると，本人の意志で中途退学を選択することも可能である。文部科学省の調査によると，2016（平成28）年の国公私立の全日制，定時制を合計した不登校者数4万8,579人のうち，中途退学にいたった者は1万2,777人（26.3％），全生徒における中途退学率は1.4％である。不登校の要因は，本人にかかわる要因として「無気力の傾向」（34.8％），「不安の傾向」（22.2％）である。学校にかかわる要因としては「学業の不振」（18.1％），「いじめを除く友人関係をめぐる問題」（15.3％）などが多い。家庭の要因として「無気力の傾向」（33.9％），「不安の傾向」（24.6％）などが多い。高校生の不登校も，いわゆる「無気力」や「不安など情緒的混乱」タイプの比率が高いのが特徴である。

子どもが不登校に陥ると，教師や保護者は何が原因で不登校になったのかを追い求め，原因を明らかにして取り除くことが問題の早期解決につながると思い込みやすい。そのため，子どもに理由を問いつめたり，学校で起こった出来事を話させようとする。しかし，原因が何だったのかを追及することは決して容易ではない。それにエネルギーを使うよりも，教師や保護者が，①学校や家庭に「心の居場所」をつくること，②不登校という方法をとおして子どもが訴

えている事実に援助の手を差しのべること，③子どもの自立へのステップを温かく見守ることが大切であろう。

第2節　不登校への対応

1　対応の視点

　不登校児童生徒への対応は，表面的な登校の再開を目標にするのではなく，彼らが自分の進路や将来に向けて精神的，社会的に自立していくことを周囲の人たちが支えるという視点をもつことが大切である。そのためには，不登校に陥ったきっかけや理由を考慮してはたらきかけることが求められる。

　たとえば「不安など情緒的混乱の型」の場合，学校を休み始めたころは，頭痛・腹痛・発熱などの身体的な症状や不安，おびえなどの心理的な反応を示すことが多い。周囲の人たちが真の原因に気づかずに，強い叱責や登校刺激を与えると，反発や閉じこもりとなりやすい。登校しないことで，本人自身が精神的に一番不安となり，外出しない，生活が不規則になる，昼夜逆転が起こるなどの行動を示すことがある。とくに保護者はいても立ってもいられない気持ちになるが，無理に登校させることだけを考えず，子どもの気持ちを理解することから始めるとよい。保護者は，①本人も苦しんでいるという状態をわかること，②子どもの気持ちを理解し話を聴くという姿勢をもつこと，③学校と連絡をとり学校の様子を知ること，④相談機関を積極的に利用し専門的なアドバイスを受けること，などを実践したい。

2　不登校あるいは不登校傾向の児童生徒に対する学校側の取り組み

　不登校の児童生徒に対して，学校側が行うべき配慮にはどのようなものがあるだろうか。これは，決して担任教師だけが取り組むものではなく，学校全体として考えておかなければならない大切なテーマである。そのために必要な具体的な方法として，以下のことが考えられる。

（1）不登校の子どもに対して，学校ができることを書き出す

　不登校への一般的な方針だけでなく，一人ひとりの子どもの様子をよく知ったうえで，その子どもに沿った目標を決めておくとよい。目標の設定は，い

つ，どこで，誰が，どのようにするかなど具体的であり，高い要求水準を避け，教師の立場としてかかわることができるものであることが望ましい。目標が高すぎると支援あるいは指導が十分に機能しない。

（2）担任の教師に加え，学校全体としての体制を決める

校長は管理職としてこれまでの子どもの実態を把握し，学校組織としてどのような体制が必要なのかについて，事前に準備しておくことが求められる。学校内がバラバラでは困るので，指導や援助の方針を決める。個々の教師が単独で対応するのではなく，すべての教師が安心して取り組めるように学校が1つのチームとして対応できるようにしたい。

（3）子どもに欠席が続いた場合の対応を決める

文部科学省の定義により，不登校は欠席日数が30日を超えた場合にカウントされる。しかし，欠席日数が30日を超えるまで，担任教師や学校が何もしないでよいというわけではない。当日に欠席の連絡があった場合，教師は必ず保護者に欠席理由を問い，身体的な病気なのか，それ以外の理由がありそうなのかを確認するとよい。欠席の背後に不登校の理由が隠されている場合がある。

（4）保護者との話し合いを具体的に進める

不登校は欠席しはじめてからの3日間，または週3日間の欠席への対応が大切だといわれる。学校内で共有されている対応マニュアルに基づいて，教師は定期的に家庭訪問し，子どもの心のなかで何が起こっているのかを常に保護者と話し合うとよい。これまでの家庭や学校での様子を話し合うなかから，両者が次に取り組むべき目標がみえてくる。

（5）学校内の相談室，学校外の専門機関と連携する

学校内に「相談室」がある場合，教師は相談員やスクールカウンセラー（SC）などと情報交換しながら，子どもや保護者とのかかわり方について連携を密にするとよい。相談室がない場合は，保健室の養護教諭との連携も欠かせない。学校外では医療機関や児童相談所，教育センター，教育支援センター（適応指導教室），スクールソーシャルワーカー（SSW），児童指導員，民生委員などとの連携を重視したいものである。

3 相談室登校への対応

　自分の学級へ登校することができず，学校内の相談室（または保健室）へ登校する児童生徒は，教室にいられないことによって，いろいろなことに思い悩んでいると考えられる。たとえば，①自分の学級はどうなっているのか，②先生は自分のことをどのように思っているのか，③友だちは自分のことをどのように噂しているのか，④勉強や行事はどのように進んでいるのかなどについて，相談室へ登校していながらも情報が十分でないまま，不安や焦燥感に苦しんでいる。一方，彼らは相談室に「心の居場所」を求めている場合が多いので，まずは心の安定を図り，相談室だったら登校できるという彼らの気持ちを大事にする必要がある。相談室へ登校できるのだから，教室復帰も簡単にできるはずであるということにはなりにくいので，教師はこの点をよく考慮して対応しなければならない。

4 埼玉県Ａ市の具体的な取り組み例

　全国の自治体では，教育委員会内に「不登校対策委員会」を発足させ，不登校に陥った児童生徒をどのように支援したらよいか，子どもたちが不登校にならないために学校や教師は何をするべきかなどについて，研修会の企画や共通理解の場を設けるところが多い。埼玉県Ａ市では，市内のすべての小中学校の教師へ以下の内容を文書にして配布し，不登校児童生徒へ対応している。

（1）欠席しがちな児童生徒について

　(1) 月3日の欠席は，注意しましょう。

　(2) 欠席者は担任の先生が必ず家庭と連絡をとり，理由を確認しましょう。

　(3) 欠席が連続する場合は，保護者との話し合いなど，具体的にすばやく対応しましょう。

　(4) 毎日の健康観察で，いつも不調を訴える児童生徒や，保健室を頻繁に利用する児童生徒には十分気をつけましょう。

　(5) 学校内の相談室（埼玉県の中学校では「さわやか相談室」という），教育相談室などを活用し，登校しやすい環境をつくりましょう。

　(6) 相談や話を聞くとき，担任の先生だけでなく，児童生徒や保護者が

話しやすい先生が対応できるように，学校で共通理解・協力体制をつくっておきましょう。

(7) 担任の先生がすべて対応するのではなく，チームで対応するようにしましょう。たとえば，校長，教頭，主幹教諭，教務主任，学年主任，生徒指導主任，教育相談主任，前担任，部活動顧問など，いつも学校全体の問題として考えて具体的に対応しましょう。

(2) 学校へ来られない児童生徒について

(1) 医療機関や他関係機関と密に連絡をとりましょう。

(2) 学校内相談室の相談員，教育センター相談員，スクールカウンセラー，市子育て支援課，市健康センター，主任相談員などとの相談を積極的に活用していきましょう。

(3) 教育センター（適応指導教室）を積極的に活用しましょう。

(4) 家庭訪問，電話連絡など，定期的に家庭と連絡をとり，動静の把握とともに保護者との話し合いなど具体的に対応しましょう。

(3) その他

(1) 不登校傾向のある児童生徒は，日常からよく観察して，学校生活に適応できるよう常に予防に心がけましょう。

(2) 5月連休明け，夏休み明け，9月残暑の体調不良，冬季の風邪の流行など，季節または各種行事への不得手による不参加などで欠席する児童生徒には，十分注意しましょう。

一方，同市は通学している児童生徒に次のようなメッセージを配布している。

(1) 欠席する場合

(1) 欠席する場合は，おうちの人から必ず学校（担任の先生）と連絡をとり，欠席の理由を伝えましょう。

(2) 欠席が何日か続く場合は，学校へ連絡することはもちろんですが，心配なことがあるときは，電話などで先生に話したり，聞いたりしましょう。

(3) 自分の健康について十分気をつけ，体調が悪いときは，早めにおうちの人に相談しましょう。

（4）自分だけで悩まず，担任の先生や話しやすい先生に相談してみましょう。

（2）なかなか学校へ行けない場合

（1）体の具合が悪い場合は，おうちの人をとおして，お医者さんやその他の専門機関に聞いてみましょう。

（2）学校の相談室，教育センター相談室などの相談場所も活用しましょう。

（3）学校からの連絡や配布物に必ず目を通し，家庭訪問に来た先生に会って話を聞きましょう。

（3）家での生活の工夫

（1）朝，登校，帰宅，夜などのあいさつをしっかりしましょう。

（2）学校であった心配なことなどを必ずおうちの人に話しましょう。

（3）家の中で，自分でできる仕事を決めて，しっかり実行しましょう。

　教師や児童生徒へ向けたこのようなメッセージは，不登校あるいは不登校傾向となる前に，本人だけでなく周囲の人たちが真剣に取り組むべき姿勢を示したものといえよう。それぞれの自治体でも同様の取り組みを実践している。

第3節　不登校への支援

1　支援のガイドライン

　文部科学省は，2016（平成28）年7月の「不登校児童生徒への支援に関する最終報告」のなかで，支援の視点として「不登校児童生徒への支援の目標は，児童生徒が将来的に精神的にも経済的にも自立し，豊かな人生を送れるよう，その社会的自立に向けて支援することである。その意味において，不登校児童生徒への支援は，学校に登校するという結果のみを目標にするのではなく，児童生徒が自らの進路を主体的に捉えて，社会的に自立することを目指すことが必要である」と述べている。学校教育が取り組むべき責務として，①児童生徒の可能性を伸ばす取り組み，②個別の児童生徒に応じたきめ細やかな組織的・計画的支援，③不登校の理由に応じたはたらきかけやかかわりの重要性，④家庭への支援，⑤不登校児童生徒に対する多様な教育機会の確保，⑥教育支援セ

ンター（適応指導教室）を中核とした体制整備，⑦不登校が生じないような学校づくりなどを取り上げ，不登校を解消するためのガイドラインを示している。

　不登校を未然に防ぐには，まず魅力的な学校づくりが大切であろう。温かい学級を基本にして，教師や仲間同士がいつでも明るく話し合える雰囲気をつくりたい。教師はわかる授業を心がけ，一方的な言動は慎むべきである。小学校と中学校の連携，関係機関との連携，学校と家庭の連絡を密にすることなどを常に実践したいものである。また，学校内では校長のリーダーシップのもとに，不登校対策委員会などの組織が実を結ぶことを期待したい。

2　効果的な支援

　文部科学省による 2017（平成 29）年 10 月に発表された前年度の調査概要によると，適切な指導の結果，学校でとくに効果があったと認める措置は，①「家庭訪問を行い，学業や生活の面で相談にのるなど，さまざまな指導や援助を行った」など家庭へのはたらきかけ，②「登校を促すため，電話をかけたり迎えに行くなどした」など本人へのはたらきかけ，③「スクールカウンセラーなどが専門的な指導にあたった」など専門家の対応，④「不登校の問題について，研修会や事例研究会を通じて全教師の共通性をはかった」など，学校での指導の改善工夫である。つまり，生徒指導や教育相談という観点からは，①子ども一人ひとりを十分に理解する，②学校生活の改善・充実や，子どもの自己実現への取り組みを援助する，③不登校に対する理解・連携協力・教育相談・指導体制などを充実する，④不登校を早期発見し適切な指導と援助・粘り強い指導と援助などを行う，⑤家庭・関係機関などと十分に連携する，などの課題を一つひとつ具体化していくことであろう。

第４節　教育支援センター（適応指導教室）の活用

1　適応指導教室とは

　適応指導教室は，都道府県または市区町村の教育委員会が不登校に悩む小学生・中学生の学校復帰を目標にして設置した施設である。文部科学省は適応指導教室整備指針のなかで，その目的を次のように述べている。

> 適応指導教室は，不登校児童生徒の集団生活への適応，情緒の安定，基礎
> 学力の補充，基本的生活習慣の改善等のための相談・適応指導（学習指導
> を含む）を行うことにより学校復帰を支援し，不登校児童生徒の社会的自
> 立に資することを基本とする。

　教育委員会は，この指針に基づき自治体の教育センターや教育研究所，教育相談室など学校以外の場所に教室を設置した。不登校に悩む児童生徒の自立と学校生活への適応を図り，学校へ復帰させるための指導・援助をねらいとしている。教室では，専門の指導員や教職経験者が児童生徒の在籍校や家庭と連絡をとり合いながら，個別カウンセリングや集団指導，教科指導，生活指導などを組織的，計画的に行っている。2016（平成28）年現在，都道府県および市区町村に設置されている教室数は，全国で1,397カ所，指導員は4,799人である。

2　適応指導教室の取り組み

　図10-3は，B市の教育センター内に設置された適応指導教室の様子である。通常学級と同程度の広さの学習室に個別学習机，小集団学習机，掲示板，ロッカー，書架，ビデオ，パソコンなどが用意され，子どもの実態に応じた指導ができるように配慮されている。また教育センター内にある相談室，図書室，実習室，プレイルームなどの施設も利用できる。教室の存在を市民に知ってもらうためのパンフレットや教室案内なども発行している。B市にかぎらず，教室に親しみを増すような愛称がつけられているところも多い。

　B市の適応指導教室は午前9時30分に朝の会が始まる。ここでは始業を伝えるチャイムは鳴らない。小学生から中学生までの10名前後が在籍するが，毎日元気よく通級する子どもばかりでなく，午後から顔を見せたり休みを繰り返す子どももいる。通級生にふさわしい服装や持ち物，ことば遣いや態度，欠席の連絡などを心がけることは，心の居場所づくりのための基本的な約束事といえる。ある指導員は，「彼らの背後に共通するものは，友人や教師との関係がうまく築けないなど，人間関係を構築することにおいて不器用な点である」と語っている。通級する子ども同士の間でグループができることもあり，他者

とのかかわり方を学ぶことも大きな経験である。

　曜日ごとのスケジュールは日課表のかたちで周知される。午前中は個別学習の時間である。遅れている教科を勉強したり，好きな本を読んだり，各自のペースで学習が進められる。不登校が長引いたために学力がともなわず，中学生でも小学校低学年の勉強から始めることもある。

図 10-3　B市の適応指導教室

　昼食をはさんだ午後は「ふれあいタイム」である。卓球やバドミントンで汗を流したり，トランプゲームで楽しんだり，子どもは自由に時間を過ごす。学習を継続することも自由である。ときには遠足や社会見学，調理実習，ボランティア活動などの体験も組まれる。定期的に個別カウンセリングの時間を設けたり，指導員と保護者との面談，学校との情報交換なども企画される。掃除，帰りの会の後，午後2時30分に退室して1日の生活が終わる。

　教室への入級や在籍の方法，通級による出欠席の取り扱いなどは教育委員会と学校の判断になる。開室時間やルールは決められているが，通級時間，服装，持ち物などは比較的自由で，学校のような一斉授業や厳しい規則は少ない。

　適応指導教室での日々の活動は，子どもたちに自信や自主性を育て，社会性を伸ばしていくことにある。彼らの生活リズムを整え，学校へ戻る意欲を取り戻すように支援することが教室の最大の目標となるのである。

●参考文献
日本応用心理学会（編）　2007　応用心理学事典　丸善
藤田主一・浮谷秀一（編）　2015　現代社会と応用心理学1　クローズアップ「学校」　福村出版
藤田主一・齋藤雅英・宇部弘子・市川優一郎（編著）　2018　生きる力を育む生徒指導　福村出版

第11章
学校で役立つアセスメントの方法

第1節　学校における援助・支援

1　心理教育的援助サービス

　文部科学省が定める学習指導要領は，子どもたちの「生きる力」を育成することを学校教育の目標としている。ここで示されている生きる力とは，確かな学力（知），豊かな人間性（徳），健康・体力（体）のバランスがとれた総合的な力であると定義されている。子どもたちの生きる力を育むために，学校では学習面，心理・社会面，健康面での総合的な援助・支援が必要とされる。学校教育で必要とされる総合的な援助・支援を実践する活動を心理教育的援助サービスとよび，学校心理学の領域で研究と実践が行われている（表11-1）。

2　ブロンフェンブレンナーの生態学的発達モデル

　ブロンフェンブレンナーは，われわれの周りにある環境とは4つのシステム

表11-1　心理教育的援助サービスの対象

学習面での援助	心理・社会面での援助	
①学習意欲の向上 ②主体的な学習習慣の獲得 ③学習面での困難や遅れに対処する ④自分の学習状況（学習スタイルや学力）を理解する ⑤自分にあった学習スキルの獲得 ⑥自分にあった学習計画を立てる	心理面	①自分の考え・感情・行動を理解する ②自己効力感の獲得と向上 ③ストレスに対処する ④ストレス対処法の獲得 ⑤情緒的苦悩を軽減する
	社会面	①友人・教師・家族との人間関係を理解する ②学級集団や友人グループへの適応 ③対人関係の問題を解決 ④対人関係スキルの獲得

（出典：石隈利紀　1999　学校心理学　誠信書房　を参考に作成）

第11章　学校で役立つアセスメントの方法　131

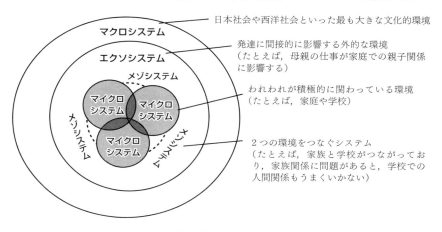

図 11-1　生態学的発達モデル　（出典：筆者作成）

（マイクロシステム・メゾシステム・エクソシステム・マクロシステム）が入れ子構造になった生態系であると定義した（図 11-1）。

　われわれは家庭や学校（マイクロシステム）のなかで生活し，それぞれの環境は相互に影響し合っている（メゾシステム）。そして，家庭や学校のつながりは地域のコミュニティーに組み込まれて影響を受け（エクソシステム），地域のコミュニティーは文化や習慣の影響を受ける（マクロシステム）。生態学的発達モデルでは，われわれを取り巻く環境のすべてが発達に影響すると考えている。

　生態学的発達モデルの観点から児童生徒の不適応的な行動（たとえば，授業中に立ち歩いてしまうなど）を考えると，その原因は児童生徒の発達的な要因だけでなく，授業の進め方や教室の雰囲気といった学校の環境が児童生徒にストレスを与えている可能性や，家族との人間関係における葛藤が学校での不適応行動を引き起こしている可能性が示唆される。心理教育的援助サービスでは「個人としての子ども」よりも「環境のなかの子ども」に注目して子どもたちへの援助・支援を行う。

3　3段階の援助サービス

　心理教育的援助サービスは，すべての児童生徒を援助・支援の対象としているが，必要とされる援助・支援の内容は一様ではない。そこで，心理教育的援

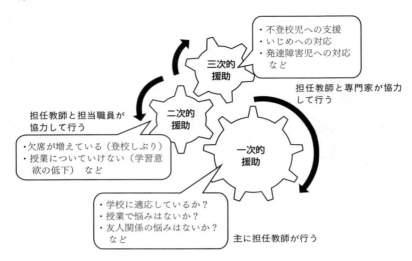

図 11-2 3段階の援助サービスの内容　(出典：筆者作成)

助サービスでは，援助のニーズを，「一次的援助サービス」「二次的援助サービス」「三次的援助サービス」の3段階に分けている（図11-2）。

　一次的援助サービスとは，発達課題や教育上の課題に取り組むために必要なスキル（たとえば，対人関係スキルや学習スキル）の獲得を支援するものである。一次的援助サービスは，すべての児童生徒を対象としたもので，主な担い手は学級担任をはじめとする教師である。たとえば，毎日の授業で児童生徒の興味・関心を高めるような工夫をすることも支援である。子どもたちが学習の楽しさを経験すれば学習意欲が向上し，学校への適応が容易になるであろう。

　二次的援助サービスとは，学校生活で「つまずき」を経験している児童生徒に対する支援である。授業についていけずに学習意欲を失ってしまった，友人がうまくつくれずクラスから孤立してしまったなどのように，学校への不適応状態にある児童生徒は，その後，いじめや不登校といったより深刻な危機に陥る可能性がある。つまずきによって児童生徒の成長が脅かされるのを防ぐためには，特別な配慮が必要である。二次的援助サービスでは，教師・保護者・専門家が協力して子どもたちの小さな変化を見逃さないようにすることが重要である。

第11章　学校で役立つアセスメントの方法　133

　三次的援助サービスは，特別なニーズをもった児童生徒に対する個別の支援である。特別なニーズとは，いじめられた経験や不登校，発達障害などをさす。なかでも発達障害をもつ児童生徒への対応には注意が必要である。発達障害という診断がなされると，学校への不適応の原因が子ども自身にある（障害だから仕方がない），障害のある子どもへの支援は専門家に任せるべきといった認識から，学校での支援がストップしてしまう場合がある。先に述べたとおり，学校への不適応は環境との相互作用によって生じるものである。したがって，それぞれの児童生徒がかかえる障害の特性を理解し，授業や学級運営を工夫し，適切に支援することで不適応的な行動は軽減されるのである。

第2節　アセスメントとは何か

　自律的に学び，他者とかかわりながら成長するための適切な援助・支援を児童生徒に提供するためには，アセスメントという活動が欠かせない。

1　アセスメントの定義

　アセスメントとは，「評価・査定」を意味することばである。臨床心理学の領域では，援助や支援を必要とする対象者（クライエント）がかかえる問題の内容を理解し，クライエントにとって必要な援助や支援の内容を決定する一連のプロセスをさしている。篠竹利和は，臨床心理学におけるアセスメント（心理アセスメント）とは，「援助を求めてきた対象がなぜ今ここに来たのか，実際にどのような援助を求めているかを理解し，その問題に対してどのような援助がふさわしいのかを検討するために，面接・観察・検査などの臨床心理学的手法を用いて，その問題が生じた要因の仮説を立て，対象の持つ資質を明らかにしようとし，援助実践につなげていく専門的行為」と定義している。

　心理アセスメントの定義は，教育相談におけるアセスメントにも通じる。問題をかかえた児童生徒に適切な援助や支援を提供することは，教育相談の重要な役割である。教育相談の中核を担う教師は，児童生徒がかかえている悩みや問題の内容を理解し，彼らにとってどのような援助や支援が必要なのかを見極めなければならない。石隈利紀は，学校心理学の立場から教育相談の場面で必

要なアセスメント（心理教育的アセスメント）を「心理教育的アセスメントは、子どもの問題状況についての情報を収集し、分析して、援助的介入に関する意思決定を行う資料を提供するプロセスである」と定義している。つまり、心理教育的アセスメントとは、学校への不適応を示した児童生徒がかかえる悩みや問題の原因を把握し、個々の児童生徒に適切な援助や支援の方法を検討して実践する一連のプロセスであるといえる。

2 アセスメントのプロセス

アセスメントは、①対象者（児童生徒）がかかえている悩みや問題（主訴）を明確にする、②主訴についての情報収集、③情報を解釈・統合し、仮説を立てる、④援助・支援の内容を決定する（計画の作成も含む）、⑤援助・支援の実践、という5つのプロセスを経て行われる（図11-3）。

①主訴の把握　悩みや問題をかかえている児童生徒は、不適応的な行動（たとえば、授業に集中できないことやクラスメイトへの攻撃的な振る舞いなど）がしば

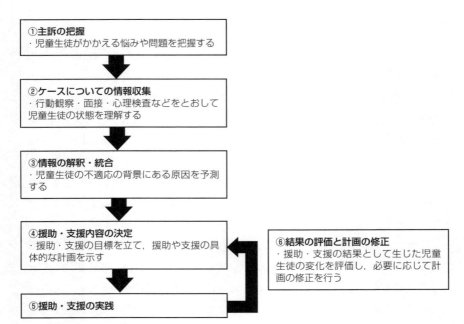

図11-3　教育相談におけるアセスメントのプロセス　（出典：筆者作成）

しばある。このような児童生徒は，学校生活のなかでどんなことが辛いのか，何について悩んでいるのかについて明らかにする段階である。主訴を明確にすることで，援助・支援の目標（児童生徒本人がどうしたいか，どのようになりたいか）を設定することが可能になる。

②ケースについての情報収集　悩みや問題をかかえた児童生徒の状態をできるだけ正確に理解するために，さまざまなアセスメントの手法（アセスメント・ツール）を用いて情報収集する段階である。情報収集の際には，悩みや問題の概要だけでなく，児童生徒のパーソナリティや友人関係，家族関係，家庭環境について把握することが必要である。問題を理解するための主なアセスメント・ツールとして，行動観察・面接・心理検査がある。

③情報の統合・解釈　②の段階で得られた情報をまとめ，児童生徒の主訴の背景にある要因を予測する（仮説を立てる）。主訴の要因について仮説を立てるためには，発達やパーソナリティに関する心理学的理論の知識が有用である。

④援助・支援内容の決定　③の段階で得られた仮説に基づいて具体的な援助・支援の計画を作成する。ここで作成する援助・支援の計画は，①で把握した主訴の内容から導き出された目標の達成を目的とした計画である。

⑤援助・支援の実践　④で作成した計画にしたがって，児童生徒に対する支援を実践する段階である。実践の過程は定期的に評価され，提供された援助・支援が適切なものであったかを把握することが必要である。また，必要に応じて④の段階に戻り，援助・支援の計画を修正することも必要である。

第3節　アセスメントの技法

　心理教育的アセスメントでは，面談・行動観察・客観的資料を用いて児童生徒がかかえている悩みや問題の原因を探り，援助・支援の内容を決定する。ここでは，心理教育的アセスメントにおいて有用なツールである面接法，行動観察，心理検査について説明する。

1　面接法
　心理教育的アセスメントを行う際には，担任教師やスクールカウンセラーが

悩みをかかえた児童生徒やその保護者，友人と面談を行い，アセスメントに必要な情報を収集する。面談を行う際には，心理面接の技法が役立つ。面接法は，面接の進め方によって構造化面接・半構造化面接・非構造化面接に分けられる。構造化面接では，あらかじめ決定された質問項目を決められた順番にしたがって提示し，面接を進める。児童生徒の悩みについて，ある程度の予測が立っている場合に行われる。半構造化面接では，あらかじめ決められた質問項目はあるが，それらの質問を実際に提示するかどうかの判断は面接者（教師やカウンセラー）に委ねられる（決められた質問をすべて提示しなくともよい）。非構造化面接では，あらかじめ決められた質問項目はなく，面接者がその場の状況に合わせて対象者（児童生徒，保護者）に自由に問いかけができる。悩みの原因を探るための面接では，多くの場合，非構造化面接が用いられる。

　アセスメントにおいては，対象者と複数回の面接を行うが，なかでも初回の面接（インテーク面接）が重要である。インテーク面接では，対象者のかかえている悩みや問題の概要を明確にし，対象者との信頼関係（ラポール）を形成することが求められる。

2　行動観察

　心理教育的アセスメントでは，教師による児童生徒の行動観察から得られる情報が欠かせない。行動観察は，観察する場面を厳密に操作するか否かによって自然的観察と実験的観察に分けられる。教師が学校のなかで児童生徒の様子を観察することは，自然的観察に該当する。授業中や休み時間のような日頃の生活のなかでみられる児童生徒の言動や表情を観察し，変化を見落とさないようにすることが重要である。また，児童生徒が作成した作品（絵画や作文）も観察の対象となる。

3　心理検査法

　悩みや問題をかかえている児童生徒の特徴を客観的に理解する手法として，心理検査が有用である。心理検査は，実施方式によって集団式検査と個別式検査に分けられる。集団式検査は，一人の検査者が多数の対象者に対して一斉に検査を実施するものである。検査の手続きや教示がマニュアル化されており，

効率的であることから学級単位で実施して、クラス全体の大まかな傾向を把握することやスクリーニングに適している。一方で、対象者（児童生徒）が教示の内容を正確に理解して受検しているかどうかの確認が難しく、判定の精度があまり高くない（一定の割合で判定の誤りがある）という短所がある。このような特徴から、集団式検査はアセスメントの材料としては十分ではない。個別式検査は、検査者と対象者が1対1で実施するものである。検査者は対象者に細やかにかかわることが可能で、検査中の行動観察も容易なため、対象者の特徴について正確で詳細な情報を得ることができる。アセスメントの際には、個別式検査が採用されることが多い。しかし、検査者は一人の対象者にかかりきりとなり、1回の検査に要する時間も長いため、非効率的であるという短所がある。

　心理検査は、対象者のどのような側面に注目した特徴を測定するかによって①性格検査、②知能検査、③発達検査などに分類される（表11-2）。

①性格検査　性格検査は、個人のパーソナリティの特徴を把握することを目的とした検査である。アセスメントでは、対象者の現在の状態を把握し、悩みや問題の原因を予測する際に役立てる。

　性格検査は、質問紙法と投影法に分類される。質問紙法とは、あらかじめ設定された質問を対象者に提示し、回答させて分析するものである。簡便で比較的短時間で実施できる点が利点である。しかし、対象者が質問の内容を正確に理解し、正直に回答することを前提に行う検査なので、対象者が嘘の回答をすると正しい結果が得られないという短所もある。代表的な質問紙法性格検査として、YG性格検査（矢田部・ギルフォード性格検査）、MMPI（ミネソタ多面人格目録）、TEG（東大式エゴグラム）などが挙げられる。

　投影法は曖昧な刺激を提示して、その刺激に対する対象者の反応を記録して分類し、性格の特徴を解釈するものである。対象者が意識していない内面の特徴まで把握できることが利点である。しかし、検査の実施や結果の解釈に必要なスキルを習得し、習熟するためには長い時間を要する点が短所である。代表的な投影法性格検査として、ロールシャッハテストやTAT（絵画統覚検査）、P-Fスタディ（絵画欲求不満テスト）、SCT（文章完成法テスト）などが挙げられる。

②知能検査　知能検査は、知能発達の状態や知的能力の特徴を調べることを目

138

表 11-2 主な心理検査の概要

種類	心理検査	概要
性格検査	矢田部・ギルフォード性格検査 （YG 性格検査）	情緒の安定度や人間関係の特徴，知的活動性の傾向を調べる。特性論にもとづいた 12 の性格特性（社会的外向・思考的外向・抑うつ性・一般的活動性など）を測定する。小学生から成人まで適用できる。
	MMPI（ミネソタ多面人格目録）	精神疾患の診断を目的とした性格検査で，パーソナリティの構造を調べる。550 項目の質問項目で構成され，抑うつ・心気症・社会的内向など 10 種の疾患について測定できる。124 項目の短縮版（MINI-124）もある。
	TEG（東大式エゴグラム）	個人のパーソナリティにおける自我（エゴ：ego）状態を調べるものである。交流分析の理論にもとづいて行動を 5 つの自我状態（CP・NP・A・FC・AC）に分類し，対人交流の特徴を調べる。
	ロールシャッハテスト	インクのしみが印刷された図版を提示して，対象者の反応（何に見えるか）を分析する。対象者の反応から認知の仕方や感情の特徴を判断する。
	TAT（絵画統覚検査）	曖昧な場面が描かれた図版を提示して，「その絵から思い浮かぶ物語を作り，話すこと」を対象者に求める。30 枚の絵と 1 枚の白紙図版で構成されている。対象者の反応（物語）から重要な人物に対して抱くイメージや一般的な対人的構えを調べる。対象の年齢に応じて，CAT（幼児・児童用）・SAT（老人用）がある。
	P-F スタディ （絵画欲求不満テスト）	登場人物が欲求不満になる 24 場面のイラストを提示し，その登場人物の反応を回答させる。攻撃性の方向と攻撃性表現の型によって欲求不満に対する反応を分類する。
	SCT（文章完成法テスト）	文章の最初の部分だけを提示し，それに続く言葉を自由に回答させる。60 項目の文章からパーソナリティの知的側面・情意的側面などの 7 つの側面を解釈する（精研式文章完成法）。成人用・中学生用・小学生用がある。
知能検査	WAIS （ウェクスラー式知能検査 成人用）	WAIS は 16 歳以上，WISC は 5 〜 15 歳，WPPSI は 4 〜 6 歳に適用できる。
	WISC （ウェクスラー式知能検査 児童用）	
	WPPSI （ウェクスラー式知能検査 幼児用）	
発達検査	新版 K 式発達検査	姿勢・運動領域，認知・適応領域，言語・社会領域の観点から子どもの発達の状態を把握する。0 ヶ月から成人まで適用される。
	遠城寺式・乳幼児分析的発達検査法	運動（移動運動・手の運動），社会性（基本的習慣・対人関係），言語（発語・言語理解）の 3 領域から子どもの発達の状態を調べる。0 カ月から 4 歳 7 カ月の子どもに適用できる。
	ITPA （イリノイ式言語学習能力検査）	子どもの個人内差（得意・不得意）を調べる。主に言葉を扱う「聴覚－音声回路」と見た目で情報を処理する「視覚－運動回路」の観点から子どもの理解力や表現力を把握する。

（出典：村上宣寬・村上千恵子　2008　改訂 臨床心理アセスメントハンドブック　北大路書房　をもとに作成）

的とした検査である。普通学級での教育が難しい子どもとそうでない子どもを識別するために開発されたビネー式知能検査では，通常の発達を経た子どもが正答できる問題を基準として，対象となる子どもの精神年齢を測定する。知能検査で測定した精神年齢と実際の年齢である生活年齢の比率を知能指数（IQ: Intelligence Quotient）とすることで，あらゆる年齢において知能発達の状態の比較が可能である。日本で使用されているビネー式知能検査は，田中ビネー知能検査である。

　今日，アセスメントの際に使用される頻度が高い知能検査は，ウェクスラー式知能検査である。ウェクスラー式知能検査では，知能とは質的に異なる複数の能力によって構成されていると仮定している。知能の水準を表す際には，同じ年齢の集団における平均値からどの程度離れているかを示す偏差知能指数（偏差IQ）を算出する。ウェクスラー式知能検査は，検査の対象年齢によってWAIS（成人用），WISC（児童用），WPPSI（幼児用）に分かれている。

❸発達検査　発達検査は，知能検査の適用が難しい低年齢の子どもを対象とした検査で，知能にかぎらず，子どもの全体的な発達の状態を把握することを目的とした検査である。代表的な発達検査として，新版K式発達検査や遠城寺式・乳幼児分析的発達検査法がある。

第4節　まとめ

　今日，学校では多様な特徴をもった子どもたちがともに学んでいる。そのすべての子どもたちが学校教育をとおして成長するためには，個人の特徴を理解して適切な支援を行うことが大切である。心理教育的アセスメントは，児童生徒がかかえる悩みや問題の理解をとおして，子どものもつ多様性を理解する活動だといえる。アセスメントは，児童生徒が困難を感じたときが実施のきっかけになることが多く，面談や心理検査をとおして子どもたちの否定的な側面（不得意なこと，できないこと）ばかりに目が向いてしまうこともある。しかし，アセスメントは子どもたちの肯定的な側面（得意なこと，できること）も明らかにすることができる。アセスメントによって理解を深めた児童生徒の特徴は，悩みや問題の解決に向けた援助・支援の場面だけでなく，子どもたちとの

日常のかかわりのなかでも活かされるはずである。

●参考文献 ────────────────────────────────
石隈利紀　1999　学校心理学——教師・スクールカウンセラー・保護者のチームによる
　心理教育的援助サービス　誠信書房
厳島行雄・横田正夫（編）　2014　心理学概説——心理学のエッセンスを学ぶ　啓明出
　版
卯月研次・後藤智子（編著）　2015　心とふれあう教育相談　北樹出版
村上宣寛・村上千恵子　2008　改訂 臨床心理アセスメントハンドブック　北大路書房

第12章
スクールカウンセラーの活用と協力

第1節　スクールカウンセラーとは

1　スクールカウンセラー配置状況の推移

　スクールカウンセラー（SC）は，臨床心理に関して専門的な知識および経験を有する者である。公立学校へのSCの配置は1995（平成7）年に始まる。不登校の増加や深刻ないじめなどへの対応にあたって，教育相談機能の充実を図る必要から，文部省（現文部科学省）が「スクールカウンセラー活用調査研究」（委託事業）を創設したことによる。それまで，教育職員免許を持たない者が学校教育にかかわるのは異例であったため，SCは学校現場から「教育界の黒船」とよばれた。開始初年度，SCは154校に配置された。学校からの評価がおおむね良好であったことから，SCの配置校数は年々増加していく（図12-1）。2001（平成13）年度からは事業補助（必要経費の補助）へと替わり，すべて

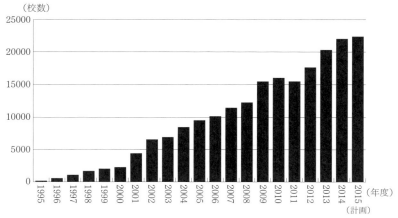

図 12-1　SC配置校（箇所）数の推移

（出典：文部科学省　2013　スクールカウンセラー等配置箇所数，予算額の推移）

の公立中学校への SC の配置が段階的に進められた。さらに，2008 年度には低年齢化する非行，深刻化する虐待などの状況を踏まえ，すべての公立小学校への SC 配置も計画的に進めることになった。公立高等学校への SC の配置については，現在のところ配置校全体の 10％以内とされている。

2015（平成 27）年に行われた文部科学省の調査によれば，SC について「必要性を感じている」と回答した学校は，調査対象となった学校の 96％であった。国は 2019（平成 31）年度までに SC をすべての公立小中学校（小学校 1 万7,500 校，中学校 1 万校）に配置することを目標にしている。なお，2015（平成27）年度における SC の人数は 7,542 人であり，小学校，中学校の SC 配置率は，それぞれ 58.5％，88.4％であった。

そうしたなか，2017（平成 29）年，学校教育法施行規則の一部が改正され，SC は「小学校における児童の心理に関する支援に従事する」（第 65 条の 2）とその職務内容が規定された（この規定は中学校などで準用される）。

2　活動対象の広がり

SC が配置された当初，主な活動対象は不登校やいじめなどであった。しかし SC の活動範囲は時代とともに広がっている。表 12-1 は，2015（平成 27）年度に SC が公立小中学校で受けた主な相談内容を示したものである。不登校，発達障害，家庭の問題など，SC への相談内容は幅広く，児童生徒や保護者，教職員からの多様なニーズに対応していることがわかる。小学校と中学校で相談内容を比較すると，小学校では「発達障害など」が最も多いのに対し，中学校では「不登校への対応」が他の相談内容を引き離して最も多い。近年の活動対象の特徴としては，児童虐待や貧困など，福祉的な観点を必要とする支援が増えてきている。また，ネットいじめやネット依存，性的マイノリティ，児童ポルノへの出演強要などの今日的な問題もある。

一方で，教職員のメンタルヘルスをめぐる状況は，きわめて深刻である。2016（平成 28）年度の精神疾患（うつ病など）による病気休職者数は 4,891 人で，2007（平成 19）年度以降，5,000 人前後という高水準で推移している。その背景には，事務量の増大や生徒指導，保護者への対応などによる過剰なストレスがあるとされ，教職員のメンタルヘルスを支援する役割も SC に期待されて

表 12-1　SC が公立小中学校で受けた主な相談内容

小学校	延べ人数（万人）	中学校	延べ人数（万人）
①発達障害など	14.2	①不登校への対応	47.4
②不登校への対応	13.8	②友人関係への対応	11.6
③友人関係への対応	10.1	③発達障害など	10.1
④家庭の問題	8.5	④家庭の問題	9.8
⑤学業・進路	7.6	⑤学業・進路	8.7

（出典：産経ニュース）

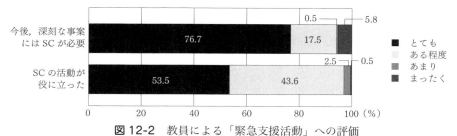

図 12-2　教員による「緊急支援活動」への評価

（出典：伊藤美奈子　2013　スクールカウンセリングの新たなパラダイム　臨床心理学 77）

いる。さらに，自然災害や事件・事故など，緊急事態での心のケアは SC の重要な役割の 1 つである。図 12-2 は，緊急支援活動に対する教師の評価を示したものである。緊急支援を受けた学校の大部分が SC の活動を役に立ったと評価し，深刻な事案が起きたときには SC を必要とする評価も非常に多い。

第 2 節　SC の資格と専門性

1　SC の資格

　スクールカウンセラー等活用事業実施要領によると，SC は次のいずれかに該当する者である（2018（平成 30）年度より新たに公認心理師が加えられた）。

①公益財団法人日本臨床心理士資格認定協会の認定に係る臨床心理士

②精神科医

③児童生徒の臨床心理に関して高度に専門的な知識及び経験を有し，学校
　教育法第1条に規定する大学の学長，副学長，学部長，教授，准教授，
　講師（常時勤務をする者に限る）又は助教の職にある者又はあった者

④都道府県又は指定都市が上記の各者と同等以上の知識及び経験を有する
　と認めた者

　ただし，SCの確保が困難な地域などが少なくなかったので，2009（平成21）年度からは，次のいずれかに該当する者も，合理的と認められればSCに準ずる者として勤務することが可能になった。学校ではSCに準ずる者もSCとよばれる。

①大学院修士課程を修了した者で，心理臨床業務又は児童生徒を対象とし
　た相談業務について，1年以上の経験を有する者

②大学若しくは短期大学を卒業した者で，心理臨床業務又は児童生徒を対
　象とした相談業務について，5年以上の経験を有する者

③医師で，心理臨床業務又は児童生徒を対象とした相談業務について，1
　年以上の経験を有する者

④都道府県又は指定都市が上記の各者と同等以上の知識及び経験を有する
　と認めた者

　上記の資格要件から，SCの専門性は，児童生徒の臨床心理に関して高度に専門的な知識および経験を有することにある。2014（平成26）年度の任用状況を見ると，SCなどとして配置された者の約84％が臨床心理士であった。

2　SCの専門性

　中央教育審議会が2015（平成27）年に取りまとめた「チームとしての学校の在り方と今後の改善方策について（答申）」によると，学校の教育活動に多様な専門性や経験を有する専門スタッフなどが参画することとなる。社会が大きく変化し続けるなか，学校や教師だけで対応するには複雑で困難な課題が増

えたためであり，教師と専門スタッフがコラボレートし，解決につなげる時代に入ったといえよう。教師が協働する専門スタッフは，心理，福祉，部活動，特別支援教育，地域連携に関するスタッフなど多様である。SC はスクールソーシャルワーカー（SSW）とともに「心理や福祉に関する専門スタッフ」として位置づけられている。

SSW は「社会福祉等の専門的な知識・技術を用いて，児童生徒の置かれた様々な環境に働き掛けて支援を行う」（スクールソーシャルワーカー活用事業実施要領）とされ，個人だけでなく，家庭，友人関係，学校，地域などの環境にはたらきかけるという点で SC と異なる専門性を有している。たとえば，経済的困窮，虐待といった問題では関係機関につなぐなどして環境調整を行う。また，養護教諭は身体的不調を手がかりにいじめや虐待などに気づきやすい立場にある。このため養護教諭と SC や SSW との連携は重要であり，協働のためのルールづくりが求められる。

SC 活動の特徴を表す用語に，SC 事業の開始当時から繰り返し論じられてきた「外部性」がある。「学校外の人材である」「教員ではなく成績評価を行わない」「心理臨床の専門家である」などの外部性に関する記述があり，松岡靖子によると，立場や職務，専門性などの点で SC が教員とは違う存在であることを指摘した用語である。SC はこうした外部性を保ちつつ活動することで効果を上げ，高い評価を得てきた。たとえば，児童生徒からすると，「教職員や保護者には知られたくない悩みや不安を安心して相談できる」，教職員からすると，児童生徒やその保護者との間で「第三者としての架け橋的な仲介者の役割を果たしてくれる」などである。しかし，文部科学省の打ち出したチーム学校の考え方は，SC を日常の校内体制に組み込む方向にある。中央教育審議会（2015）によると，外部性とは「評価を行わない『教員と異なる第三者的存在』として，学校から一定の『距離』を置き，校内の日常の体制に組み込まれない」ことである。この定義のなかの成績の評価を行わない第三者的存在については引き続き確保されるであろうが，SC の常勤化の流れもあいまって，これまでのように SC の外部性を強調することは難しくなる恐れがある。したがって，組織的な指導体制に SC が組み込まれた場合，SC がどのようなかたちでその専門性を発揮していくかは今後の大きな課題である。

第3節　学校内での活動内容

　教育相談等に関する調査研究協力者会議（2017）は，教育相談体制を充実させるにあたり，SCの職務内容について検討を行っている。それによると，SCは「不登校，いじめや暴力行為等問題行動，子供の貧困，児童虐待等の未然防止，早期発見及び支援・対応等や学習面や行動面で何らかの困難を示す児童生徒，障害のある児童生徒・保護者への支援に係る助言・援助等のため，これらを学校として認知した場合や災害等が発生した場合等において，様々な技法を駆使して児童生徒，その保護者，教職員に対して，カウンセリング，情報収集・見立て（アセスメント）や助言・援助（コンサルテーション）を行う」としている。また，これに加え，SCは安心した学校生活のための環境づくりなどを行うことが求められ，さらに学校全体をアセスメントし，学校コミュニティを支援する視点をもつ必要があるとしている。以前のものと比較すると，未然防止，早期発見および支援・対応をより重視しているところに特徴がある。

　SCが担うより具体的な職務には，表12-2に示すものが考えられる。それには，児童生徒へのカウンセリングのほか，保護者への相談や講習会，学級や学校集団などに対する助言・援助，心理教育プログラムの実施，災害や事件・事故が発生した際の援助，教職員に対するコンサルテーションや研修会などがある。職務の幅広さからSCの果たす役割が極めて大きいことがわかる。

　表12-2にあるアセスメントは，問題の解決と援助を目的とするもので，本人，家族，地域や関係者などの情報を幅広く収集，分析し，対象となる事例や事象，事態に関する理解を深めることである。アセスメントは見立てとよばれることもあり，その対象は児童生徒にとどまらず学校コミュニティにまで及ぶ。また，コンサルテーションはSCにとって重要な仕事である。SCにとってのコンサルテーションとは，コンサルタントであるSCが自らの専門性に基づき，コンサルティである教師（場合によっては保護者）に対して，児童生徒に関係した問題や課題を解決できるよう，援助することである。その際には，お互いの専門性を尊重しあって問題状況について検討することが大切となる。対象となる問題状況には，個々の児童生徒のことから広く援助システムのこと

第 12 章　スクールカウンセラーの活用と協力　147

表 12-2　SC の職務内容

(1) 児童生徒へのカウンセリング　相談室での相談。日常的な場面での声かけや相談。電話などによる相談。

(2) 保護者への助言・援助　来校した保護者への相談。電話などによる相談。情報提供や講習会などの啓発活動。

(3) 児童生徒集団，学級や学校集団に対するアセスメントと助言・援助　心理テスト，面接および授業観察などによる見立て，学校に対して適切な配慮や支援方法についての助言・援助。授業，学校行事への参加・観察，休憩時間や給食の時間を一緒に過ごすといった活動を通じ，個々の児童生徒，児童生徒間関係，集団状態，学校状況などを見立て，学校に対して適切な配慮や支援方法について助言，援助。

(4) 児童生徒の困難・ストレスへの対処方法，児童生徒へのこころの教育に資するすべての児童生徒を対象にした心理教育プログラムなどの実施　緊急時には，学校全体を対象として，ストレス対処やリラクセーションのプログラムを実施。安心した学校生活を送れる環境づくりとして，必要な取組や支援策を立案し，教職員に対する助言・援助を実施。

(5) 不登校，いじめや暴力行為など問題行動，子どもの貧困，虐待などを学校として認知した場合，自然災害，突発的な事件・事故が発生した際の援助　いじめ防止に関わるとともに，カウンセリングや面談を行うなど，いじめの解消や再発防止を支援。いじめ防止対策推進法に基づく対応を支援。不登校，問題行動，貧困，虐待，災害，事件・事故の当事者となった児童生徒に対するアセスメントとカウンセリングなど。

(6) 教職員に対するコンサルテーション　児童生徒への対応に関する教職員への助言・援助。児童生徒への心理教育的活動実施に関しての助言・援助。ケース会議などでの助言・援助。

(7) 教職員のカウンセリング能力などの向上のための校内研修の実施　基礎的なカウンセリングに関する研修。

(注) SC ガイドライン（試案）では，すでにある教育委員会策定の指針をもとに，「最低限盛り込むべき事項及び盛り込むことが望ましい事項」がまとめられている。

（出典：教育相談等に関する調査研究協力者会議　2017　SC ガイドライン（試案）より作成）

まで含まれる。また，コンサルティは一人ではなく複数である場合もある。さらに，ケース会議は，「事例検討会やケースカンファレンスともいわれ，解決すべき問題や課題のある事例（事象）を個別に深く検討することによって，その状況の理解を深め対応策を考える方法」（教育相談等に関する調査研究協力者会議，2017）であり，SC にはこの会議で話し合いを促進する役割が期待されている。

第4節　学校内の連携と活用

1　SC との連携

　教育相談活動を効果的に行うにあたっては，教師と SC との連携が極めて重要である。その連携を深めていくためには，お互いの専門性を理解し，信頼関

係を築くことが大切になる。職員室に SC の席が設けられているのは，コミュニケーションを図りやすくする配慮の一つであり，教師が SC と雑談や立ち話をすることで信頼関係は育まれていく。そして専門性に関する理解が進むにつれ，それぞれの担うべき役割が浮き彫りとなり，チームでの対応を可能にする土壌が醸成されていく。

　文部科学省は，相談体制をより充実させる方法の一つとして，学校内の関係者が情報を共有し，教育相談にチームとして取り組むことを求めている（教育相談等に関する調査研究協力者会議，2017 など）。また，そのために，①生徒指導委員会など既存の組織を活用するなどして，気になる事例を洗い出し検討する会議（スクリーニング会議）を実施すること，②解決すべき問題または課題のある事案について，支援・対応策を検討するケース会議を実施することが必要であるとしている。学級担任が学級のなかで日ごろ接していて気になる児童生徒はスクリーニング会議で，不登校やいじめなどで対応に苦慮する児童生徒はケース会議で検討することになる。これにより，教職員が問題を一人でかかえ込むことなく，互いにつながり支え合うなかでのチーム対応が可能となる。

　スクリーニング会議やケース会議には，SC のほか，生徒指導・教育相談担当教師，養護教諭，特別支援教育コーディネーター，SSW など関係する教職員，またケースによっては校外の関係する機関職員の参加が期待される。SC はこれらの会議で，カウンセリングなどから得られた情報を報告しつつ，心理的な視点から情報を整理し，支援方法を提案することになる。

　こうした SC との協働の鍵となるのが，PDCA サイクルをいかに共有しながら進めるかである。石川悦子によると，PDCA サイクルとは，Plan（アセスメントから見立てを行い，仮説を立て，対応方法を計画する）-Do（実行する）-Check（結果を評価・検証する）-Act（必要に応じてやり方を修正・改善する）である。ケース会議のみならずコンサルテーションなどにおいて，わかりやすく情報共有するためにもこのサイクルを繰り返すことが必要である。

　SC と連携するうえで課題となるのが守秘義務である。守秘義務を理由に SC が教職員に相談内容を伝えないでいると，教職員から「相談室で何が起こっているのかわからなくて困る」などの否定的な意見が寄せられる。一方で，児童生徒や保護者の側からは「相談内容を先生に洩らされた」との訴えが少なくな

い。教育相談等に関する調査研究協力者会議（2017）は，SC に雇用に際して守秘義務を課す必要があるとしながらも，「SC が職務上知り得た情報のうち，学校が児童生徒に対する指導や支援を行うために必要となる内容は，学校全体で管理することが基本となるため，学校に報告することが必要である」としている。SC は守秘義務と報告義務の間でどちらを優先させるか悩む。このことに関して集団守秘義務（チーム内守秘義務）という考え方がある。もとより教職員も守秘義務を負っているので，かかわっている教職員との間では，守秘義務を徹底するのであれば，必要な情報について共有することは可能であるとする考え方である。しかしながら，安易な共有は教育相談体制上危うい。SC は誰と，何についてどこまで，どのタイミングで情報を共有するかに関して難しい判断を求められることになる。場合によっては，責任者である校長に相談し判断を仰ぐケースもある。個々の事案（ケース）に応じて情報を共有することが重要であり，柔軟な対応が求められる。

2　SC の活用

　SC は，生徒指導部のなかの教育相談に位置づけられていることが多い。SC に専門家として十分に活躍してもらうためには，校長の役割が重要となる。

　校長は，学校の方針や学校がかかえる課題を明らかにし，関係者が一体となって教育相談活動が行えるよう教育相談体制をつくる必要がある。そのためには，SC の専門性，役割などについてすべての教職員が理解していることが求められる。また，SC を組織の一員として効果的に活用するためには，次のような事項を校長のリーダーシップのもと実施する必要がある（教育相談等に関する調査研究協力者会議，2017）。

①スクリーニング会議，ケース会議を定期的に実施する。また，不登校，いじめなどを認知した場合やその疑いが生じた際にはケース会議を速やかに開催する。

②教職員を教育相談コーディネーターとして配置・指名し，教育相談コーディネーターを中心とした教育相談体制を構築する。

③ケース会議において，点検・評価（モニタリング）を行い，必要に応じて支援計画の見直しを行う。

150

上記②にある教育相談コーディネーターは，これまで生徒指導に関してキーパーソンとなっていた教師がその役割を担ってきた。組織的で機能的な支援体制を構築するためには，学校内にコーディネーター役の教職員の存在が必要である。

3 SC の身分，配置形態および勤務形態

SC の身分は，大部分が地方公務員法に規定する特別職非常勤職員（第3条第3項第3号）である。各都道府県政令市の教育委員会による任用で，任期は原則1年以内である（再度の任用はありうる）。

SC は現在，次のような形態で配置されている。それは，①単独校方式（配置された学校のみを担当），②拠点校方式（小中連携）（中学校を拠点校とし，当該中学校区内の小学校を併せて担当），③拠点校方式（小小連携）（小学校を拠点校とし，同一中学校区内の他の小学校を併せて担当），④巡回方式（教育委員会などに配置され，学校を巡回）などである（SC ガイドライン（試案））。

SC の勤務形態は特殊である。SC は1校あたり平均週1回，4〜8時間が多い。都道府県によって経済的にも人材的にも格差があり，SC は地域の実情に合わせ，限られた曜日や時間枠のなかで活動を行っている。

第5節　ルールづくり，あるいは体制（システム）づくり

前節の「学校内の連携と活用」で述べた内容は，見方を変えれば教育相談活動におけるルールあるいは体制（システム）に関する内容であったともいえよう。しかし，現在の学校現場では，必ずしもそれらが共有あるいは実現されているわけではない。そのことはすでに示した小・中・高等学校でのSC の配置率からも明らかである。そこで最後に，ルールやシステムづくりを行ううえで，SC にとって重要な留意事項である「柔軟な活動」について取り上げる。

実際の現場では，SC は学校の現状に合わせた「柔軟な活動」が求められる。その要因の1つは，配置される学校によってニーズが異なるためである。たとえば，学校の種類（小学校，中学校，高等学校，特別支援学校など），学校の規

模（児童生徒数，クラス数）などにより SC への要望は明らかに異なってくる。最終的には責任者である校長が，児童生徒や地域の実態などを踏まえ，取り組みの方向性を示すことになる。したがって，校長によっては，教員へのコンサルテーションを重視し，アセスメント後は教員に引き継いでほしいという要望が出されることもある。また，相談室の利用の仕方も一様ではない。面接だけに使うのか，相談室へは自由来室とするのか，昼休みは児童生徒に開放するのかなど，学校の方針を確認しながらルールづくりを行う必要がある。一方，教育相談活動への理解の深い校長である場合には，援助システムの活性化が急速に進展することもある。家近早苗と石隈利紀は，コーディネーション委員会（生徒指導委員会など）が機能しているかどうかを判断する尺度を作成しているが，その尺度をチェックリストとして用いることで，学校コミュニティにおけるシステム整備やシステムづくりに役立てることができるとしている。その尺度の下位尺度の 1 つである「個別の援助チームの促進機能」を表 12-3 に示す。校長のリーダーシップのもと，情報共有や方針の点検，修正を行うことで，学級担任を中心に行われている個別の援助チームの活動を促進させる効果が期待できる。このような学校によるニーズの違いは，SC が配置される学校という環境の違いであり，SC にとっての環境要因といえよう。

　「柔軟な活動」が求められるもう 1 つの要因は，SC 自身の特徴である属性要因にある。柴田恵津子によると，SC の属性には，①学校職員であり校務分掌に位置づけられる，②週に 1 日（または数日）の勤務である，③外部性と内部性を併せもつ，④非常勤職で責任の範囲が限定されている，⑤守秘義務と情報共有の両者が求められる，⑥児童生徒とのかかわりが 3 ～ 6 年である，⑦公立学校の職員は一定年限で異動がある，⑧学校では治療を目的としない，の 8 つの特徴がある。これらは SC の対応に影響を与える。校務分掌上の配属によっては役割が違ってくるであろうし，週に 1 日程度の勤務となると，活動にさまざまな工夫を凝らす必要がある。相談室をオープンにして自由来室にすると，外部性ゆえに相談室がたまり場になることもある。また，不在の間は，SC による緊急の対応は難しく，守秘義務についてもケースによるところがある。さらに，児童生徒の卒業や教師の異動は，期限つきの支援策の検討を強いることになるなどである。

表 12-3　個別の援助チームの促進機能

個別の援助チームのメンバーを決定している。

個別の援助チームのメンバーの役割分担を決定している。

個別の援助チームに新しい考えを提供している。

個別の生徒の援助チームの具体策を話し合っている。

個別の援助チームの立ち上げについて決定している。

個別の援助チームが困ったとき，その解決のヒントを出している。

個別の援助チームのメンバーの意欲を高めている。

個別の援助チームの援助の状況について報告している。

個別の援助チームの援助の引き継ぎについて確認している。

個別の生徒の支援計画を作成している。

（出典：家近早苗・石隈利紀　2011　心理教育的援助サービスを支えるコーディネーション委員会の機能尺度（中学校版）の開発　学校心理学研究11）

　教育相談活動におけるルールづくりやシステムづくりには，ニーズというSCにとっての環境要因とSC自身の属性要因が影響を与える。そしてこれらの要因の兼ね合いのなかでルールづくりやシステムづくりは進められていく。まさに現場では，現状に合わせた「柔軟な活動」がSCには求められることになる。その際に重要になるのは，管理職や教育相談コーディネーターをはじめとする教職員とSCの対話である。こころの発達によりそう真摯な対話の積み重ねこそが信頼関係を生み，チームによる効果的な支援を可能にすると考えられる。

●参考文献

増田健太郎・石川悦子（編）　2013　特集 対人援助職の必須知識 スクールカウンセリングを知る　臨床心理学77　金剛出版

村瀬嘉代子（監修）東京学校臨床心理研究会（編）　2013　学校が求めるスクールカウンセラー──アセスメントとコンサルテーションを中心に　遠見書房

村山正治・梶谷健二（編）　2013　特集 教師との連携を考える　子どもの心と学校臨床9　遠見書房

森岡正芳・増田健太郎・石川悦子・石隈利紀（編）　2015　特集 シリーズ・今これからの心理職②これだけは知っておきたい 学校・教育領域で働く心理職のスタンダード　臨床心理学86　金剛出版

第13章
教育相談体制を支える校内連携

　教育相談を行うのは，スクールカウンセラーなどの専門家や教育相談を担当する教師だけではない。教育相談は，全校児童生徒を対象にして教育活動全体を通じて行われるものである。当然のこととして，援助資源であるすべての教師や多様な専門家が，必要に応じて教育相談活動を行うことになる。そのため学校は，これらの援助資源を有効に機能させるために，連携のとれた教育相談体制を構築する必要がある。本章では，これらの援助資源を説明し，教育相談体制を支える校内連携のあり方について「生徒指導提要」の記載を中心に解説する。

第1節　学校内の援助資源

1　教師・学級担任

　教師・学級担任が行う教育相談は，各教科，道徳，総合的な学習の時間，特別活動などのほか，定期面談や呼出し面談などのあらゆる教育活動の場面で行われる。授業や休み時間，清掃，給食，部活動に取り組む様子から児童生徒の理解を深めることができ，それが教育相談活動に役立つことになる。しかし，そこには教師・学級担任が教育相談を行う難しさもある。文部科学省の「生徒指導提要」では，学校における教育相談の課題を2つ挙げている。1つは，「実施者と相談者が同じ場にいることによる難しさ」である。これは，教育相談を行う教師・学級担任が，児童生徒と同じ学校で生活していることに起因するもので，教育相談にそれ以外の場面での児童生徒と教師・学級担任の人間関係が反映されてしまうということを示している。2つめは，「葛藤」である。教師・学級担任は，問題行動などに対処する場合，指導的なかかわりをしなければならない。一方で，児童生徒の教育相談に対応する場合，援助者として支援する

ことになる。教師・学級担任は，この指導と支援の矛盾した役割を同時に担うことを求められるため，葛藤が生じるのである。実際，同時に両方の役割を担うことは難しいため，一人でかかえ込まないことが大切である。ただ，2つの課題に直面した場合でも，児童生徒が問題を生じさせた背景を理解し，かれらの気持ちを受け止めながら，指導を行うことが教師・学級担任の基本的姿勢であることに変わりはない。

2　教育相談担当係

教育相談係は，多くの学校では校務分掌によって位置づけられている。それは，学校の実情に応じて生徒指導部や保健部の中に位置づけられたり，独立した教育相談部であったり，また委員会として設けられたりなどさまざまである。「生徒指導提要」では，教育相談係の役割を6つに大別させている。それは，①教師・学級担任へのサポート，②校内への情報提供，③校内および関係機関との連絡調整，④危機介入のコーディネート，⑤教育相談に関する校内研修の企画運営，⑥教育相談に関する調査研究の推進である。それぞれの役割に

表 13-1　個別の援助チームの促進機能

役割	内容
教員・学級担任へのサポート	児童生徒への対応や保護者への対応に悩む教員への支援 保護者面接への同席 児童生徒への個別対応
校内への情報提供	研修会などで得た情報を校内に提供 問題となる児童生徒の情報を収集し事例検討の資料として提供 他機関からの専門的情報をまとめ，校内で共通理解を図る 指導や集団理解のために心理検査の技法を身につけ実施する 「教育相談だより」の発行（共有したい知識や担当者の声を掲載）
校内および関係機関との連絡調整	校内における連絡調整 校外専門機関との連絡調整
危機介入のコーディネート	危機対応チームの組織化と各教員の役割分担を決定 危機対応マニュアル作りなど危機教育を企画 専門機関との連絡網を作成し連携を強化 危機対応についての知識と方法の校内研修を企画 個人，学校，地域レベルで各機関との連絡調整などの役割遂行
教育相談に関する校内研修の企画運営	校内研修の企画運営 ミニ事例検討
教育相談に関する調査研究の推進	教育相談的問題，児童生徒の精神衛生などに関する調査実施

（出典：文部科学省　2010　生徒指導提要　より一部抜粋）

ついては，表13-1 に示した。これらの内容をみてわかるとおり，学校のなか
で教育相談を組織的に行うためには，連絡・調整の役割を担う教育相談係の存
在が不可欠であり，その選任にあたっては教育相談に十分な知識を有する教師
をあてることが必要である。

3　生徒指導主事

　教育相談が主に個に焦点をあてるのに対して，生徒指導は集団に焦点をあて
るものである。生徒指導では，問題行動に対する指導や学校全体の安全を守る
ために管理や指導を行う。そして，受けた指導を児童生徒が課題として受け止
め，今後に活かすようにするためには，教育相談のアプローチが重要な役割を
担う。このように，教育相談は生徒指導の一環として位置づけられる。

　学校において，生徒指導を中心的に担っているのが生徒指導主事である。生
徒指導主事は，学校教育法施行規則第70条第4項では「校長の監督を受け，
生徒指導に関する事項をつかさどり，当該事項について連絡調整及び指導，助
言に当たる」と定められている。生徒指導主事は，学校経営のスタッフとして
生徒指導全般にわたる業務の企画や立案・処理を担っていることから，他の教
職員は生徒指導主事と緊密な連携のもとで教育相談活動を行うことが大切であ
る。

4　特別支援教育コーディネーター

　特別支援教育コーディネーターは，各学校における特別支援教育推進のため
校務分掌に位置づけられている。主な役割として，校内委員会・校内研修の企
画・運営，関係諸機関・学校との連携，保護者からの相談窓口対応などの業務
を担う。多くの場合，特別支援学級の教師が担当しており，現在はほぼすべて
の公立小中学校に設置されている。

　「生徒指導提要」では，特別な教育的支援を必要とする児童生徒について，
「特性によるつまずきや失敗の繰り返しによる挫折感などから，さまざまな身
体症状や精神症状を呈したり，不登校や引きこもり，暴力や家出，うつ病や統
合失調症の発症，いじめ被害や虐待の原因になったりするなど，学校生活のな
かに生じる問題の一因である」としている。このようなことから，気になる児

童生徒に対しては，発達上の問題を有している可能性を考えて指導・支援する必要がある。特別支援教育の視点を取り入れ，校内連携の中心的な役割を担うのが特別支援教育コーディネーターである。

5　養護教諭

保健室を中心に活動する養護教諭には，教育相談を行ううえでさまざまな利点がある。それは，①他の教科担当の教師と異なり，学習面から児童生徒を評価しない，②保健室利用に関して児童生徒の抵抗感が少なく，身体面の問題を理由に保健室を訪れて心の問題を相談することができる，③一般的に保健室の養護教諭は優しく受容的で，母親的な包容力をもつイメージがあるなどである。そのため来室しやすい環境と相談しやすい対象者になっている。ただし，養護教諭が教育相談を行う際には，以下の点に留意する必要がある。それは，①他の教職員と連携をとり保健室だけでかかえ込まない，②定期的に校内委員会や職員会議で受け付けた相談の概要などを報告する，③他の教職員の理解を得るため，児童生徒が相談目的で来室した際の対応の流れを説明する，④校内研修会で事例を提供するなどである。いずれにしても，組織的な対応を行うためには，教育相談の校内組織のなかに養護教諭をしっかりと位置づけることが重要である。

6　管理職

文部科学省は「児童生徒の教育相談の充実について」のなかで，「校内体制や専門家の活用，関係機関との連携を有効に機能させるためには，校長等管理職のリーダーシップや教育相談に対する認識が必要不可欠である」と述べている。これは，管理職が教育相談を学校運営のなかに位置づけ，教職員が児童生徒の心を受け止めながら適切な指導と援助が行えるよう，環境整備や教職員に対する指導，助言を行うことが求められているということである。また，管理職自身の教育相談活動が，児童生徒に対して大きな成果を生むことも認識する必要がある。また，学級担任が保護者との関係に悩んだ場合の関係調整や，地域住民への教育内容の理解と協力を得るための活動なども求められている。

さらに，「生徒指導提要」では「学校管理職の教育相談的役割」として，①

第13章　教育相談体制を支える校内連携　157

表 13-2　学校管理職の教育相談的役割

役割	内容
校内教員への心理的サポートと指導助言	教員の精神衛生への配慮 意欲的に教育に取り組める職場環境づくりの推進 個々の教員の教育指導上の問題への指導助言 教員同士のトラブルの解決 個々の教員の悩み相談対応 新たな課題や動向についての啓発
管理職としての児童生徒理解と支援	校内の児童生徒の心身の発達傾向や問題の把握と対応 学校全体の教育的環境や教育的雰囲気の把握と対応 児童生徒の日常生活行動を把握し発達課題を検討 校長室や職員室に顔を出す児童生徒の把握 学級担任等の依頼で問題を抱えた児童生徒を指導
管理職としての保護者への対応	苦情・要望・悩み相談対応 教員と保護者の間に生じたトラブルの調整と解決 保護者間に生じたトラブルの調整と解決 児童生徒の発達課題や心理的問題の啓発
地域への教育相談的啓発	地域の関係者との協力体制構築 学校の指導方針や教育活動の広報 地域環境の把握と登下校・校外生活の見守り協力 地域の医療機関や相談専門機関と連携保持

（出典：文部科学省　2010　生徒指導提要　より一部抜粋）

校内教員への心理的サポートと指導助言，②管理職としての児童生徒理解と支援，③管理職としての保護者への対応，④地域への教育相談的啓発をあげている。この4つの概要を表13-2に示した。どの役割も児童生徒が安心して，安全に学校生活を送ることができるように広い視点から教育相談活動を支えるのが使命である。

7　スクールカウンセラー

　1995（平成7）年4月より，「スクールカウンセラー活用調査研究委託事業」が開始され，臨床心理士などが学校に配属され，スクールカウンセラーとして教育相談を行っている。文部科学省は，「児童生徒の教育相談の充実について」のなかでスクールカウンセラーの役割として，①児童生徒に対する相談・助言，②保護者や教職員に対する相談，③校内会議への参加，④教職員や児童生徒への研修や講和，⑤相談者への心理的な見立てや対応，⑥ストレスチェックやストレスマネジメントなどの予防的対応，⑦事件・事故などの緊急対応における被害児童生徒の心のケアの7つを挙げ，相談・助言以外にも，教育相談を

円滑に進めるための「潤滑油」としての役割を期待している。

8　スクールソーシャルワーカー

　スクールソーシャルワーカーは，社会福祉の専門知識と技術を活用して，支援を必要とする児童生徒の環境にはたらきかけることで，問題の解決を図る専門家である。はたらきかける環境は，家庭や学校，地域，関係機関などさまざまである。児童生徒がかかえる問題を解決するには，心へのアプローチとともに，家庭や友人関係，地域，学校などの環境に対するアプローチを必要とする場合がある。環境の改善については，学校だけでは難しい場合も多いことから，関係機関との連携が重要である。このような問題を解決するため，2008（平成20）年度に「スクールソーシャルワーカー活用事業」が展開され，翌年度から補助事業として実施された。スクールソーシャルワーカーは，社会福祉士や精神保健福祉士といった資格をもつ者を中心に任用されている。「生徒指導提要」では，その役割に以下の5つをあげている。それは，①問題をかかえる児童生徒が置かれた環境へのはたらきかけ，②関係機関とのネットワークの構築・連携・調整，③学校内におけるチーム体制の構築・支援，④保護者，教職員に対する支援・相談・情報提供，⑤教職員への研修活動である。

　以上が，学校内の援助資源である。児童生徒がかかえる複雑で多様な問題や困難さを解決するためには，これらの資源が有効に活用されることが求められる。はじめに対応した教職員が一人で問題をかかえ込むのではなく，他の教職員やスクールカウンセラー，スクールソーシャルワーカーといった専門家などと協力し，組織的に対応していくことが大切である。

第2節　チームによる支援

　チームによる支援について，「生徒指導提要」では「問題を抱える個々の児童生徒について，校内の複数の教職員やスクールカウンセラーやスクールソーシャルワーカーなどがチームを編成して児童生徒を指導・援助し，また，家庭への支援も行い問題解決を行うもの」と説明している。また，チームによる支援は，①校内の複数の教職員が連携して援助チームを編成して問題解決を行う

第 13 章　教育相談体制を支える校内連携　159

校内連携型，②学校と教育委員会，関係機関等がそれぞれの権限や専門性を生かしたネットワーク型，③自殺，殺人，性被害，深刻な児童虐待，薬物乱用など，学校や地域に重大な混乱を生じる事態に対して，緊急対応を行う緊急支援（危機対応）型の３つのタイプに分けられている。ここでは，はじめに校内連携型について，次にマスコミ対応，コンサルテーション・コーディネーションについて説明する。

1　校内連携型

「生徒指導提要」では，教育相談の利点として，学校ならではの特質をいくつか挙げている。それは，①早期発見・早期対応が可能，②援助資源が豊富，③連携がとりやすいの３つである。学校には学級担任や教育相談係，養護教諭，生徒指導主事，管理職などさまざまな立場の教員がいる。さらに，スクールカウンセラーやスクールソーシャルワーカーといった人材も配置されている。児童生徒に対して，これらの人材が多様なかかわりができることが大きな利点である。その利点をしっかりとした校内連携によって生かすことができれば，教育相談の質を格段に高めることは予測できる。教育相談は問題行動の未然防止や心の発達の促進をめざしているため，校内の教職員や多様な専門家が常に連携していくことが不可欠である。

　それでは，どのように校内連携を図ったらよいのであろうか。図 13-1 は，教育相談の組織的な校内連携・対応の進め方について図示したものである。最初に児童生徒がかかえている問題や困難さに対して「気づき・発見・認識」する段階があり，そこから「情報収集・情報共有」の段階へと進むのだが，「共有」ということばが示すとおりこの段階ではじめて連携をとっていくことになる。次に，その課題を取り扱うチーム（組織や委員会）が編成されて情報が整理され，内容を協議・検討していく段階になる。ここで，対応方針に基づいて役割分担を含めた対応策が策定される。実際にとられる対応については，その効果を確認するため一定期間をおいて評価を行わなければならない。児童生徒にポジティブな変化が認められない場合には，効果的な対応をするための重要な情報を見落としていないかを確認し，再度委員会などで対応策を検討することが必要となる。

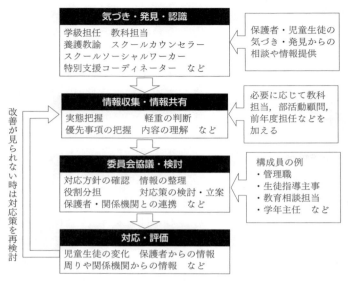

図 13-1 個別の援助チームの促進機能 （出典：筆者作成）

2 マスコミ対応

とくに緊急時では，地域への説明責任を果たすためマスコミ取材が必要になる場合がある。「生徒指導提要」では，具体例として，児童生徒の個人情報の漏洩事故が生じた場合の基本的対応に，①影響を受ける可能性のある本人および保護者への連絡，事実報告，謝罪，②教育委員会への事実報告，③漏洩の事実の公表の3つをあげている。また，刑事事件発生時には，ポジションペーパー（当該問題に対する事実関係を客観的に示す文書で，事案の概要・現在までの経過・原因・今後の対策・学校としての見解・問い合わせ先などの内容を含んだ公式見解）を作成することが必要な場合もある。大切なことは，マスコミ全体に対し，迅速に一元的な対応（場を含む）をとることである。その際には，守るべき利益が何かを見極めることが重要となる。表 13-3 は，全国精神保健福祉センター長会が示しているマスコミ対応をまとめたものである。この内容からも，校内連携が重要なポイントになることがわかる。

表 13-3　学校管理職の教育相談的役割

方針	子どもの生活の場である学校の信用を守るため，誠実で積極的な情報発信を心がける
伝え方1	・本校の子ども，保護者，地域の方々に話すように，誠実に対応する ・プライバシーと自殺の連鎖（後追い）防止に配慮しつつ，積極的に情報発信する ・取材が集中する最初の何日間は定期的に記者会見を開く
伝え方2 （自殺の例）	・自殺をセンセーショナルに扱わない ・自殺を問題解決の方法として伝えない ・タイトルを慎重に選び，目立つ位置に記事を掲載しない ・自殺の手段や場所を詳細に伝えない ・写真や映像を使う場合は特に慎重に行う ・遺された人に配慮する（WHO　2008　報道関係者のための手引き　から一部抜粋）
報道対応窓口	校長以外の教職員または教育委員会職員から対応窓口を置くことが望ましい
記者会見	・教育委員会がサポートし，同席または司会進行する。会見は複数で行う ・校長説明と質疑：発生事実の概要，学校の対応経過と今後の予定，関連情報，見解等をまとめ，想定質疑を用意する ・専門職による説明：心のケアの専門的な説明などは専門職が行う

（出典：全国精神保健福祉センター長会　2016　学校の危機対応と心のケアの手引き　を一部改変）

3　コンサルテーションとコーディネーション

　校内連携では，学校内外の資源を有効に活用するために「コンサルテーション」や「コーディネーション」が必要となる。校内連携の際には，管理職や教育相談担当教員，スクールカウンセラーなどがその役割を担い，学外との連携の際には，スクールソーシャルワーカーが力を発揮することが多い。以下に「コンサルテーション」と「コーディネーション」について簡潔にまとめる。

①コンサルテーション　専門性や役割の異なる者や組織が，児童生徒らの問題解決の援助について話し合う過程のことである。

②コーディネーション　児童生徒らの情報から，適当な学校や専門機関，地域の援助資源と連携し，連携先の特性と役割を生かして支援を深めることである。

● 参考文献
文部科学省　2007　児童生徒の教育相談の充実について——生き生きとした子どもを育てる相談体制づくり（報告）　教育相談等に関する調査研究協力者会議
文部科学省　2010　生徒指導提要　教育図書
文部科学省　2015　学校における教育相談に関する資料　初等中等教育局児童生徒課

第14章
子どもを支えるための保護者との協力と支援

第1節 保護者支援の考え方

1 保護者の協力と支援の考え方

　教育相談の対象は，あくまでも幼児や児童生徒である。しかし，幼児，児童生徒がかかえる教育上の問題に対して保護者の果たすべき役割は大きいため，教育相談を実施し，幼児，児童生徒のかかえる問題の解決に向かって進むうえで，保護者の協力が必要不可欠である。また，教育相談に訪れる児童生徒のなかには，保護者との関係に悩んで相談をするケースも見受けられる。いずれの場合においても，教育相談における児童生徒本人と保護者との関係をアセスメントして，親子の関係性を把握する必要がある。そして，解決に向けて保護者のどのような協力を得ていくのかを，事前に見通しとしてもっておく必要がある。

　さらに，教育相談では，児童生徒からの相談ではなく，保護者が相談をもち込むケースが存在する。また，児童生徒本人が相談を拒否した場合に，保護者に協力を願って，相談の場に来てもらうことも考えなければならない。このようなケースの場合は，保護者が相談をしているプロセスのなかで，児童生徒が相談の場に現れることもある。いずれの場合においても，保護者と協力し合うことが教育相談を実施するうえで，キーポイントの一つといえるであろう。

　児童生徒本人が相談するなかで，特に深刻なケースの場合には，保護者との連携をとっていくことも必要となってくる。たとえば，児童生徒本人が自殺をほのめかしている場合には，本人の安全を守るために，本人の承諾の有無にかかわらず，すみやかに保護者と連絡をとり，実際に面接を実施して，本人の困難さやこれからの対応に対する考えを共有し，学校と保護者が連携をとること

が求められる。保護者と情報を共有し、協力・連携をともにしながら、児童生徒本人の問題の解決をともに歩むことそのものが、保護者への支援になっていくのである。

2　保護者への支援におけるポイント

　教育相談を実施するうえで、保護者との情報共有、連携の重視が保護者への支援になることを先に述べたが、その際に、教師として保護者と接するうえでポイントとなる考え方を6つほどあげる（図14-1）。

　1つめは、協働のパートナーとして保護者と一緒に、幼児や児童生徒の問題解決に向けて取り組んでいくことである。教師の立場からすると幼児や児童生徒の問題は保護者の育て方に問題があると考えてしまったり、保護者の立場からしても、自分の子どもの問題の責任は保護者自身にあると考えてしまいがちになる。しかし、子どもの成長を促すのに最も影響が大きい存在は保護者であり、保護者にその十分な役割を担ってもらうことで、教育相談における大きな味方になる存在である。教師と保護者が役割分担しながら解決に向かってチームとして取り組んでいくことで、良好な関係を保ちながら協力・連携が図られるのである。

　2つめは、教師と保護者とのコミュニケーションのうえで、保護者に対して、謙虚な姿勢をもち、保護者の話を聴かせてもらうことが重要である。保護者が子どもとともに成長してきた日々の努力やかかわり合いを尊重し、保護者の話に重みをもって聴く姿勢が教育相談において必要であるともいえる。

　3つめは、保護者は忙しい時間を割いて学校に来校してくることを考えると、教師として感謝の気持ちをもちながら、ときには、保護者に対してねぎらいのことばをかけるなどの姿勢を大切にしたい。さらに、保護者は語るだけで

図14-1　保護者への支援における6つのポイント　（出典：筆者作成）

も大きな労力になり，たいへんな作業であることから，感謝の気持ちやねぎらいの気持ちを伝えることは重要である。

4つめは，私たちは，相談となると「できていないこと」に注目しながら話を聴きがちになる。しかし，それは，保護者を理解するうえで，ごく一部を理解したにすぎない。保護者の普段の様子を聴かせていただくなかで，「できていること」に注目をして理解することで，今後，保護者がどのような力を発揮してもらえるのか，保護者への要望をはっきりと自覚することができるのである。また，保護者の「できているところ」に注目することで，教育相談を通じて支援をしているメンバーが，子ども本人のできていることにも注目しやすくなる。このことは，情報の共有や連携をとっている保護者が，ともに子どもがすでに「できているところ」に着目するきっかけにもなり，保護者が子どものよいところを探していく家族関係の好循環にもつながってくる。

5つめは，教育相談のなかで，保護者の語りに耳を傾けているときに，相談の場で何をめざし，子どもにどのようになってほしいのか，そのために相談の場で何ができるのか，相談のゴールを設定することが重要である。学校と保護者がどこまで協力し合い，協働していくのかのゴールがみえることで，保護者もどのようにふるまっていけばよいのか，見通しも立ち，目標に向かってチームとして進むことができるのである。

6つめは，教師が教育相談をとおして，家族関係の把握をしておくことが重要である。たとえば，家庭内暴力をふるう子どもの家族は，子どもと保護者との関係がどのようであるのかということはもちろんのこと，両親の関係にどのように影響が出ているのか，兄弟姉妹と母親はどのような関係に変化しているのかなど，家族関係の視点をもつことである。さらに，家族関係を学校における教育相談という場にもち込むことで，家族関係にどのように影響が現れるのかという観点からも捉えておかなければならない。父親が仕事ばかりに目が向いているなかで，来談した母親は，もっと父親を巻き込みたいと意図することもあろう。教育相談に携わる場合には，こうした意図に気をつけながら，巻き込まれないためにも，相談のゴール設定を明確にし，家族関係の観点から考えていくことが求められる。

教育相談を通じて，保護者とかかわり，保護者への支援の役割をその行為が

果たす場合には，上記の 6 つのポイントに気をつけて実施するとよい。

3　育児不安と保護者支援

　子どもを育てる営みは，保護者に「充足感」や「幸福感」などをもたらす。その経験は，保護者としての成長へとつなげてくれるのである。しかし，一方では，子どもが泣き続けて，どのように対処してよいかわからなくなり，途方にくれたり，大きな怪我に対して，保護者として自分を責めたり，子どもの予想外の行動に腹が立ったりと，子どもを育てる営みの大変さを感じる機会も多くある。そのようななかで，気分が落ち込んだり，苛立ったり，さらには，疲労を訴える保護者が多い。子育てのなかで感じる嫌悪感や不快感情については，ほとんどの保護者が経験するものである。乳幼児期の子どもをかかえている家庭を対象に保護者支援を実施する場合には，ほとんどの保護者が子育てにおいて，嫌悪感や不快感情をかかえているという前提で支援を実施することが重要である。

　乳幼児期の子どもを育てている保護者は，「育児不安」により，子どもへの否定的な感情をもっていることがある。育児不安とは，「子どもの状態や将来あるいは育児のやり方や結果に対する漠然とした恐れを含む情緒の状態」をいう。そして，保護者は，子どもを育てることへの自信のなさを示したり，子どもの育ちを心配したり，子育て自体に困惑を抱いたり，さらには，親として不適格であると感じる不適格感を抱くなかで，子どもへの否定的な感情をもつのである。場合によっては，周囲や子どもに対しての攻撃性や衝動性をともなう行動が表出するなど，育児不安によって，保護者から周囲に対しての表れ方がさまざまであることを保護者への理解として知っておかなければならない。

　育児不安の捉え方について，育児関連ストレスという子どもの心身の状態への心配と，母親関連ストレスという保護者自身のクライシス（危機）や問題という側面での捉え方が存在する。さらに，家族の貧困や夫婦の離婚などのライフイベントのストレスや，日常の小さな厄介と感じる視点という側面での捉え方がある。育児関連ストレスや母親関連ストレスについては心理尺度が開発されており，乳幼児期の子どもを育てている保護者に対して，心理尺度を支援に用いることも有用であろう。

第2節　さまざまな親子関係

1　ひとり親家庭の家族

わが国において，家族形態の多様性が認められるようになり，さまざまな家族形態の家族が存在し，それぞれの家族形態に合った保護者支援のあり方を考えていく時代に入っている。どのような家族形態の親子関係においても，本来，親子関係は親和的である側面と反発的である側面の両方をもち合わせているといえよう。つまり，どの親子関係にも，子どもに対してまったく相反する感情，態度や考えを抱くアンビバレントな側面が存在し，そのなかでも，家族形態の特徴に合わせた支援を考えていくことが必要になっている。

なかでも，近年着目されているのが，シングルマザー，シングルファザーといわれている「ひとり親家庭」の存在である。2011（平成23）年度の厚生労働省の全国母子世帯等調査では，ひとり親家庭は，母子世帯で123.8万世帯，父子世帯で22.3万世帯であり，25年前と比較すると，母子世帯が1.5倍，父子世帯が1.3倍に増加している。ひとり親家庭になった理由としては，母子世帯においては，離婚80.8％，死別7.5％，未婚7.8％であり，父子世帯においては，離婚74.3％，死別16.8％，未婚1.2％となっており，多くのひとり親家庭は，離婚によってひとり親家庭になっている現状がある。とくに25年前と比べると，離婚によって母子世帯になった割合が約20％増加しており，さらに未婚によって母子世帯になった割合も約4％増加している。母子世帯の就業状況では，正規職員・従業員39.4％，自営業2.6％，パート・アルバイト47.4％で，母子世帯は，パート・アルバイトで生計を立てているケースが多い。また，父子世帯の就労状況では，正規職員・従業員67.2％，自営業15.6％，パート・アルバイト8.0％で，父子世帯は正規職員・従業員で生計を立てているケースが多いと考えられる。平均年間収入においては，母子世帯が223万円（年間平均就労収入181万円），父子世帯が380万円（年間平均就労収入360万円）であり，母子世帯の平均年間収入が際立って低いことがわかるであろう。

さらに，2012（平成24）年度被保護者調査，2012（平成24）年国民生活基礎調査によると生活保護の受給率は，全世帯で3.22％にもかかわらず，母子世帯

の14.4%、父子世帯の8.0%が生活保護の受給をしている状況にある。2013（平成25）年国民生活基礎調査によると、ひとり親家庭の相対的貧困率は54.6%にのぼり、2014（平成26）年度学校基本調査によると、大学などへの進学率が全世帯の53.7%であるのに対して、ひとり親家庭の世帯は23.9%の進学率にとどまっている。

以上のことから、ひとり親家庭においては、主に就労の問題、相対的貧困を含む収入の問題、教育の問題とさまざまな問題背景をかかえているケースが多いことがわかる。貧困の影響を考えると、図14-2のように「低所得」「情報の不足」「社会的ネットワークの欠如」「文化」などが貧困によってもたらされ、

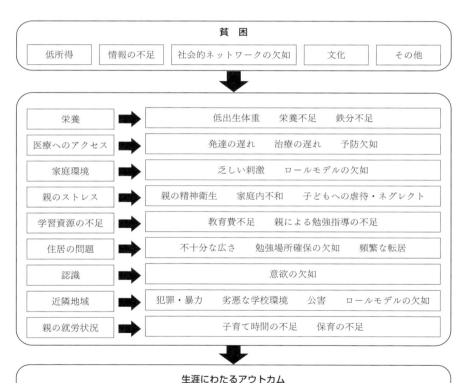

図14-2 子ども期の貧困が及ぼす影響　貧困とアウトカムをつなぐ「経路」
（出典：呉栽喜　2014　子どもの貧困と子育て支援　大東文化大学紀要〈社会科学〉52）

「栄養」「医療へのアクセス」「家庭環境」「親のストレス」「学習資源の不足」「住居の問題」「近隣地域」「認識」「親の就労状況」に影響を与え，「生涯へのアウトカム」として，健康，学力，学歴達成，就労率，所得，家族形成，幸福度，犯罪，虐待などの問題が現れてくるのである。つまり，相対的貧困率が高いひとり親家庭においては，貧困の影響を踏まえた問題が学校の教育相談にもち込まれる可能性が高いのである。教育相談の担当教師として，このような貧困から生涯へのアウトカムのメカニズムを知っておくことは，ひとり親家庭の児童生徒の教育相談を受けるとき，または保護者が相談に訪れる際に支援のヒントになるであろう。

2　ステップファミリー

　近年では，わが国でもステップファミリーが増加傾向にあり，家族関係の構築や親子関係にストレスや悩みをかかえるケースが増えている。ステップファミリーとは，再婚や事実婚などによって，血縁のない親子関係（非血縁の親子）や兄弟姉妹関係を含んだ家族形態のことをさす。ステップは英語で「継」の意味であり，夫婦のどちらかや夫婦の両方が，以前のパートナーとの間に子どもを授かった際に，その子どもを連れて再婚した場合などが当てはまる。

　ステップファミリーは，とくにその初期段階において，大きな困難に直面するといわれている。具体的には，結婚後に新しい生活が始まるが，しばらく時間が経過すると，結婚前後に抱いていた期待とはかなりかけ離れた現実に直面し，とくに継親子関係の難しさに直面し，大きなストレスを感じることがある。つまり，ステップファミリーの初期段階において，ステップファミリーをつくろうとした時期に抱いていた非現実的な期待が，実際のステップファミリーの生活が始まると継親がすでに形成している親子関係のなかに入り込むことができず，疎外感，嫉妬，拒絶感，混乱，居心地の悪さといった否定的な感情が生まれてしまい，新たな家族の形成に向けて困難な経験をするのである。

　ステップファミリーの初期段階から中期段階にかけて，家族成員は大きな葛藤をかかえるといわれており，ストレスをともなう家族の再編・再調整を経験し，時間をじっくりかけながら，家族関係の深化や強化を成し遂げることができるのである。そのような点から考えると，家族形成の初期段階における困難

はステップファミリーの正常な発達の一段階ともいわれている。非血縁の親子であるステップファミリーは、一方で密接に結束した元々の親子関係があるなかで、もう一方で夫婦関係は脆弱になりがちになり、さらに元の配偶者など、家族外の介入の可能性もあり、不安定な家族の構造であるといえる。

教育相談に携わる教師は、ステップファミリーがストレスや葛藤をかかえながらも家族の再編・再調整を行い、より深い家族の絆を得ようとしていることを理解し、幼児や児童生徒の問題に対して視野を広くもち、家族と協力しながら解決に向けて取り組む必要があるだろう。

3 外国籍の家族

近年、わが国は外国籍をもつ人々の人口が増えている。法務省発表の在留外国人統計によると、2016（平成28）年12月現在で約238万人の在留外国人がいるという。当然、外国籍の家族には価値観や文化の違いがあり、教育相談のなかで協力し連携をとっていくまでには、かなりの難しさが予想される。

また近年、外国籍の児童生徒の学校生活への不適応や、日本語習得が要因による授業への遅れ、不就学、不登校などの問題が表面化している。日本語の習得が不十分なために、学校生活や日常生活に何らかの支障をきたしている現状がある。さらに、環境の変化や進学問題などによって学校へ通うことにブランクが生じてしまい、学業の遅れを取り戻すことに困難さの壁を感じることがある。

外国人同士での交友関係は多様で幅広いため、同年代のグループでは孤立しないが、ごく限られたグループでの関係は大きな社会からの孤立につながってしまう可能性がある。

そのようななかで、義務教育を受けることなく生活している外国籍の子どもが相当数存在するのである。外国籍の家族からの相談でよくあるのは、日本文化や習慣、言語などの違いからくる相談であり、実際に文化や習慣、言語の違いは、社会のなかで排他的な状況を生み出し、外国籍の家族が孤立する状況をつくりかねない。ことばの遅れや不登校、非行、児童虐待などの相談が学校にもち込まれたときには、これらの背景を考えながら対応することが求められる。

とくに、児童虐待に対しては、外国籍の家族との価値観の違いから、出身国

特有の価値観や伝統，宗教観などの違いとも相まって，本人たち家族はしつけ
と認識している場合もあるので，慎重な対応が求められる。

第3節　児童虐待と保護者支援

1　児童虐待とは

　児童虐待は，児童虐待防止法によって，身体的虐待，性的虐待，心理的虐
待，ネグレクトであることが明確に定義されている。図14-3 よれば，身体的
虐待は，殴る，蹴るなどの児童の身体に暴行を加えることをさし，性的虐待
は，児童にわいせつな行為をしたり，させたりすることをさす。また，心理的
虐待は，児童に暴言を浴びせたり，拒絶的な対応などをとることによって，心
理的外傷を与えるなどの行為である。さらに，ネグレクトは，児童を放置した
り，看護を怠ることなどの行為をさす。

身体的虐待
児童の身体に外傷が生じ，または生じる
恐れのある暴行を加えること。

例：殴る，蹴る，やけどを負わせるなど

性的虐待
児童にわいせつな行為をすることま
たは児童にわいせつな行為をさせる
こと。

例：子どもへの性交，性器・性交を
見せるなど

ネグレクト
児童の心身の正常な発達を妨げるような著しい減食
または長時間の放置，保護者以外の同居人による虐
待行為と同様の行為の放置，その他の保護者として
の看護を著しく怠ること。

例：家に閉じ込める，室内の清潔面の問題，家や車
に子どもだけを長時間放置する，保護者以外の同居
人による暴行の放置など

心理的虐待
児童に対する著しい暴言または著しく拒絶的な対
応，児童が同居する家族における配偶者に対する暴
力（配偶者の身体に対する不法な攻撃であって生命
または身体に危害を及ぼすものおよびこれに準ずる
心身に有害な影響を及ぼす言動をいう）その他の児
童に著しい心理的外傷を与える言動を行うこと。

例：ことばによる脅し，無視や拒否的態度，配偶者
への暴力（DV）を見せるなど

図14-3　児童虐待

（出典：厚生労働省　2007　子ども虐待対応の手引き　をもとに作成）

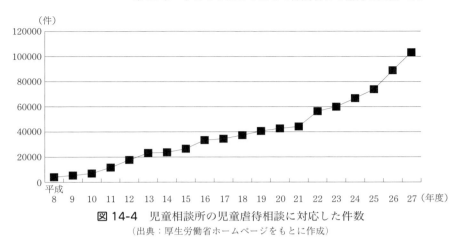

図 14-4 児童相談所の児童虐待相談に対応した件数
(出典:厚生労働省ホームページをもとに作成)

　厚生労働省によると，2015（平成27）年度の全国208カ所の児童相談所が児童虐待相談として対応した件数は，10万3,260件で対前年度比116.1％（1万4,329件の増加）であり，児童虐待の認知件数が過去最多となっている（図14-4）。内訳としては，身体的虐待27.7％，性的虐待1.5％，ネグレクト23.7％，心理的虐待47.2％であり，2015（平成27）年度の児童虐待相談の傾向として，相談経路は警察，近隣知人，家族，学校から児童相談所への通告が多くなっている。とくに警察からの通告は，2015（平成27）年度では，前年度よりも9,350件増となっている。さらに，心理的虐待の増加が目立っており，児童が同居する家庭において，配偶者が暴力をふるう事案が警察の通告によって増加傾向にある。

　虐待者では，実母が全体の半数以上で，次に実父という順で続いている。虐待を受ける子どもの年齢構成では，小学生が全体の約3割と一番多く，次に，3歳〜学齢前が約2割，0〜3歳未満が約2割弱と続いている。

　虐待行為は，親から子どもへと世代間連鎖するという考え方もあり，乳幼児期からの子どもの育ちや親子関係の質に着目していくことが，児童虐待を理解していくための基本的な視点となるのである。

2　児童虐待の発見

　児童虐待を発見するのは容易なことではない。児童虐待に関与してしまいそうな保護者の訴えは相談のケースにもあることだが，虐待を受けている子どもが，児童虐待を受けているという相談は少ないからである。

　児童虐待を受けている子どもは，虐待で受けた心の傷を意識的に我慢し耐えようとするため，幼稚園や学校のなかでは，いつもと変わらない様子が多い。そのため，児童虐待を発見することが難しい。日常的に虐待を受けている子どもが，虐待の事実を周囲に知られないまま問題行動を起こした場合，周囲のおとなからは，問題行動だけに着目されて叱責されることも多く，児童虐待との関連を考えることが難しいのである。幼稚園や小学校では，子どもの身体に傷がみられたことをきっかけに身体的虐待が発見されることがある。さらに，衣服や身体が清潔さに欠けているような様子，身体から臭いがすること，空腹な状態が日常的に続いている様子などから，ネグレクトが発見されることもある。

　さらには，イライラしやすい，落ち着きがなく集中できない，消極的すぎる，行動を起こすのに軽率すぎる，ふさぎがちである，不安があり同じことを何度も確認する，周囲の人間のことばに対して唐突に怒り出す，忘れ物が日常的に多い，暴力や攻撃的行動をとる，友だちとなじめずもめごとを起こしやすい，周囲に従い主体性を失う，理由がわからない遅刻や欠席がある，年齢に合わない性的関心をもつ，異性へ関心をもち接触を図るなど，児童虐待の発見につながる様子に注意を払っていくことが必要である。

●参考文献 ─────────────────────────

石隈利紀　1999　学校心理学──教師・スクールカウンセラー・保護者のチームによる
　心理教育的援助サービス　誠信書房
厚生労働省　2007　子ども虐待対応の手引き
根ケ山光一・鈴木晶夫（編著）　1995　子別れの心理学──新しい親子関係像の提唱
　福村出版
藤崎眞知代・本郷一夫・金田利子・無藤隆（編著）　2002　育児・保育現場での発達と
　その支援　ミネルヴァ書房

第15章
教育相談にかかわる関係機関との連携

第1節　連携を図るとき

1　学外関係機関との連携が模索される背景

　児童生徒の問題行動の複雑化・多様化によって，学校内の教師による対応だけでは解決が困難な事例が生じている昨今，学外の教育相談関係機関（以下，関係機関）との連携は，学校にとって重要度を増している。学校は，関係機関各々の特徴や専門性を理解し，互いに連携を深めることが求められている。

　この背景には，学校教職員が児童生徒の問題への対応について自力で解決を図ろうとするあまり，自らの手には負えないような事例までをもかかえ込んでしまい，児童生徒に対する効果的な指導が困難になったこと，その結果，教職員への負担も増えて学校として対処できなくなるケースが増加したことが指摘されるであろう。地域や社会に対して閉じられた環境であった学校から，開かれた環境へと移行することにより，学校が情報を地域社会で共有すること，地域社会が有する資源を学校が積極的に活用し，児童生徒がかかえる問題への解決をともに図ろうとすることが，学校における関係機関との連携で模索されるようになった。

　文部科学省国立教育政策研究所による「生徒指導資料 第4集 学校と関係機関等との連携――学校を支える日々の連携（平成23年3月）」では，①学校による児童生徒の問題の「抱え込み」から「開かれた学校」として問題をかかえる児童生徒への対処を図ること，②そうした情報を地域社会で共有する「情報連携」だけでなく共有した情報に基づいて，具体的な問題解決を学校と地域の関係機関とが協働して図ろうとする「行動連携」を進めること，③さらに深刻な問題行動などを起こしている児童生徒の状況を把握し，学校と関係機関とがサポートチームを編成し組織的な連携体制を整備すること，④そしてその活動

をさらに推進することが必要となっている推移が述べられている。

2 学校で関係機関との連携を模索する場合

関係機関との連携を模索する場合として，たとえば，犯罪行為・非行・いじめなどを行う児童生徒，要保護児童や虐待を受けている児童生徒，精神保健上の疾患が疑われる児童生徒がいるようなケースが考えられるであろう。

教育相談のなかで学校が福祉や医療などの学外の関係機関の利用が必要であると判断した場合，援助を依頼することになる。依頼に際しては，①学校内で対処可能な事象と不可能な事象の判断の基準を明確にすること，②学校が主体となって関係機関のもつ役割を明らかにすること，③各機関の専門性を理解しつつ問題をかかえる児童生徒にとっての最善の利益を考えること，④関係機関との連携の際には保護者や児童生徒に対するインフォームド・コンセントへも配慮することの4点について，学内の教職員間で情報共有することが必要となるであろう。その際，関係機関との連携の窓口となるのは，スクールカウンセラーや校内の教育相談担当の教師であることが多く，コーディネーター役を担うのである。

学校だけで解決できない問題は，教育，福祉，司法，医療の4つの領域にかかわると考えられ，各領域の関係機関が問題に対応している（表15-1）。

第2節　主な連携先

1 教育にかかわる機関

（1）教育委員会

教育委員会は，地方公共団体に置かれる行政委員会で，教育に関する事務をつかさどり，地方自治法，地方教育行政の組織及び運営に関する法律（地方教育行政法）で位置づけられる。教育委員会に設置される事務局は，その権限に属する事務を処理する。この事務局は都道府県では教育庁，一部の市では教育局と呼称される。教育委員会は基本的に5名の委員で組織され，委員は地方公共団体の長が議会の同意を得て任命し，委員長と教育長が置かれる。事務局には指導主事，社会教育主事，その他の職員が置かれる。地方教育行政法第21

第 15 章　教育相談にかかわる関係機関との連携　175

表 15-1　学外の教育相談に関する主たる関係機関と取り扱う問題，設置主体

領域	機関名	取り扱う主な問題	相談に応じる者	主な設置主体
教育	教育委員会	いじめ，暴力行為，不登校，授業妨害，家庭内暴力，児童虐待，薬物乱用など	指導主事，臨床心理士，社会福祉士，精神保健福祉士	地方公共団体
	教育センター	いじめ，暴力行為，不登校，授業妨害，家庭内暴力，児童虐待，薬物乱用など	相談員，臨床心理士，医師，社会福祉士，精神保健福祉士	地方公共団体
	適応指導教室	不登校	指導員，相談員，臨床心理士，社会福祉士，精神保健福祉士	地方公共団体
	特別支援学校	特別支援教育（視覚障害，聴覚障害，知的障害，肢体不自由，病弱の子ども）にかかわる問題	センター的機能（幼稚園，小・中・高等学校への助言・支援）にかかわる教職員	地方公共団体
福祉	児童相談所	いじめ，暴力行為，不登校，授業妨害，家庭内暴力，児童虐待，薬物乱用など	児童福祉司，児童心理司，医師，児童支援員	都道府県，指定都市または特別区児童相談所設置市
	児童養護施設	予期不能な災害や事故，親の離婚や病気などにより保護者がいなくなった，虐待による不適切な養育を受けているなど	児童指導員，保育士，心理療法担当職員，家庭支援専門相談員	社会福祉法人など
	児童自立支援施設	窃盗や浮浪，性的悪戯，傷害，恐喝，暴力，乱暴，反抗，怠学など反倫理的，または反社会的な不良行為	児童自立支援専門員，児童生活支援員，心理療法担当職員，家庭支援専門相談員	都道府県，指定都市
	児童家庭支援センター	不登校，児童虐待など	相談員，心理療法担当職員	都道府県，市，社会福祉法人
	福祉事務所	経済的生活困難への支援，不登校，家庭内暴力，児童虐待，薬物乱用など	社会福祉主事，身体障害者福祉司，知的障害者福祉司，相談員	都道府県，市（特別区を含む）
	家庭児童相談室	いじめ，暴力行為，不登校，授業妨害，家庭内暴力，児童虐待，薬物乱用など	家庭相談員	都道府県または市町村が設置する福祉事務所
	発達障害者支援センター	発達障害	相談員，ケースワーカー，福祉指導員，臨床心理士，保育士	都道府県，指定都市，以上が指定した社会福祉法人
	民生委員・児童委員	いじめ，暴力行為，不登校，授業妨害，家庭内暴力，児童虐待など（学校行事・福祉教育への協力など）	民生委員，児童委員	国（厚生労働省）
司法	警察署（少年サポートセンター）	いじめ，暴力行為，不登校，授業妨害，家庭内暴力，児童虐待，薬物乱用，犯罪捜査など	警察官，相談員，少年補導職員	地方公共団体
	家庭裁判所	法に触れる行為	裁判官，家庭裁判所調査官，裁判所書記官	国

司法（続き）	少年鑑別所（法務少年支援センター）	非行の問題，いじめ，暴力行為，不登校，知能や性格の問題，しつけや教育の問題など	法務教官，法務技官（鑑別技官），医師	国（法務省）
	保護観察所	いじめ，暴力行為，不登校，家庭内暴力，児童虐待，薬物乱用など	保護観察官，保護司（民間）	国（法務省）
医療	病院・クリニック（診療所）	不登校，家庭内暴力，児童虐待，薬物乱用など	医師，看護師，歯科医師，薬剤師，医療ソーシャルワーカー	国（厚生労働省，独立行政法人国立病院機構など），地方公共団体，医療法人，個人
	精神保健福祉センター	不登校，家庭内暴力，児童虐待，薬物乱用，思春期精神保健相談など	精神科医，臨床心理士，精神保健福祉士，保健師	都道府県，指定都市
	保健所	不登校，家庭内暴力，児童虐待，薬物乱用など	医師，保健師，看護師，精神保健福祉士，臨床心理士，相談員	都道府県，指定都市，中核市または特別区
その他	「いのちの電話」等の電話相談	いじめ，暴力行為，不登校，授業妨害，家庭内暴力，児童虐待，薬物乱用，自殺など	電話相談員	民間団体
	少年補導センター	いじめ，暴力行為，不登校，家出，薬物乱用など	少年相談専門職員，少年補導員，臨床心理士	地方公共団体

（出典：筆者作成）

条には，教育委員会の職務権限として，学校やその他の教育機関の設置，管理および廃止に関することをはじめとして 19 の項目があげられている。

　教育委員会は，教育相談所（室）や教育センター（呼称は各都道府県によってさまざま），適応指導教室を所管する。

（2）教育センター，適応指導教室

　教育センターは，教育委員会の所管で，都道府県および市区町村に設置される。教育センター，教育相談所（室），教育研究所（室）などの呼称があるが，一般的に「教育センター，教育研究所（室）」は教員研修（表15-2），教育にかかわる専門的研究，教育相談活動などを行い，「教育相談所（室）」は主として教育相談を行う。相談内容には，いじめ，暴力行為，不登校，授業妨害，家庭内暴力，児童虐待，薬物乱用などが含まれ，児童生徒の保護者への教育相談活動も行う。教職経験がある相談員や教師退職者，臨床心理士，医師，社会福祉士，精神保健福祉士が相談に応じる。こうした施設は，学校現場のことを

第 15 章　教育相談にかかわる関係機関との連携　177

表 15-2　教育センターで開催される教員研修の例

種別	研修講座名	研修講座のねらい	日数
基幹	小・中学校 2 年目経験者研修	2 年目の教員として必要な教科指導力や学級経営力等の実践的な指導力を身に付ける。	2 日
基幹	高校実習教員 6 年目経験者研修	農業・工業・商業の教科指導に関連した諸課題への対応力を高め，専門教科の実習担当教員としての実践的指導力の向上を図る。	2 日
希望	小・中学校臨時的任用教職員研修講座	小・中学校の学習指導や児童生徒理解，保護者との関わり，健康・安全に関する基本的な事項について理解を深め，実践的指導力の向上を図るとともに教職員としての使命を認識する。	3 日

（出典：平成 29 年度群馬県総合教育センター資料をもとに作成）

よく理解しており，地域への密着度が高く地域の教育相談の中心的役割を担う公的機関と捉えられる。

　適応指導教室は，不登校の児童生徒の学校への復帰を支援する目的で設置され，教育支援センターとも呼称される。心理的・情緒的な理由によって登校できない児童生徒の学校への復帰支援のために，児童生徒が在籍する学校と連絡をとりながら，集団生活への適応，情緒の安定，基礎学力補充のための学習指導，基本的生活習慣の改善のための個別カウンセリングなどを行う。また保護者に対しても児童生徒の不登校の状態に応じた助言・援助を行うことで学校復帰を支援する。施設数は年々増加する傾向にある。

　適応指導教室に通所・入所している児童生徒の在籍校は，教室への通所・在籍の日数を指導要録上出席扱いにすることができる。ただしそのためには一定の要件を踏まえることが必要である。

（3）特別支援学校

　特別支援学校は，各都道府県に設置義務があり，学校教育法によって位置づけられる。2007（平成 19）年に特殊教育から特別支援教育へと名称が変更となり，障害の種別に設置されていた盲学校（視覚障害の子ども対象），聾学校（聴覚障害の子ども対象），養護学校（知的障害・肢体不自由・病弱の子ども対象）が制度的に一本化され，特別支援学校となった。

　特別支援学校は，在籍する児童生徒に対する教育に取り組むばかりではなく，地域の幼稚園，小・中学校，高等学校に在籍する児童生徒の教育に関する

助言や支援といったセンター的機能を担うことが求められている。近年では通常学級に在籍する発達障害をかかえる児童生徒を地域や学校で支援しており，特別支援教育に関する情報を広く発信することが望まれる。

2　福祉にかかわる機関

（1）児童相談所

　児童相談所は，都道府県，政令指定都市，児童相談所設置市に設置される行政機関で，児童福祉法と地方自治法によって位置づけられる。18歳未満の子どもに関するいじめ，暴力行為，不登校，授業妨害，家庭内暴力，児童虐待などのあらゆる問題に対して家庭や学校からの相談に応じている。子どもの問題や子どもの置かれた環境を的確に捉え，個々の子どもや家庭に最も効果的な援助を行い，子どもの福祉を図り，その権利を擁護することが主たる目的となる。児童相談所には４つの機能がある。第１の機能は「相談機能」である。児童相談所の主な相談は，①養護相談，②保健相談，③障害相談，④非行相談，⑤育成相談の５つであり，学校としては児童生徒の問題行動への対処について具体的な相談が可能な機関である。問題解決の際の必要性に応じて専門的な調査や判定を行い，個々の児童やその保護者の指導も行う。第２の機能は「措置機能」であり，児童福祉施設などへの入所措置を行う。第３の機能は「一時保護機能」であり，保護者の入院，離婚，保護者などによる虐待の問題の際，児童の一時保護を行う。さらに「市区町村支援機能」があり，市区町村相互間の連絡調整や情報提供，職員への研修などを実施する。

　また，児童相談所は，①児童福祉に関する高い専門性を有していること，②地域住民に浸透した機関であること，③児童福祉に関する機関，施設などとの連携が十分に図られていること，という条件を満たす必要があるとされている。

　近年では，児童相談所における児童虐待の相談が増えており，そのことによる児童養護施設への入所の増加や，入所後に虐待を受けていたことが判明するケースの増加がみられるという指摘もある。

（2）児童養護施設

　児童養護施設は，児童福祉法に基づいて設置される児童福祉施設の１つである。予期できない災害や事故，親の離婚や病気などにより保護者がいなくなっ

た児童，また虐待など不適切な養育を受けている児童，その他環境上擁護することが必要な児童を入所させて擁護し，あわせて退所した者に対する相談やその後の自立のための援助を行うことを目的とする施設である。おおむね2歳から18歳の子どもが対象となる。

児童養護施設は，社会的養護の中心的な施設である。厚生労働省によれば，社会的養護とは，「保護者のいない児童や，保護者に監護させるのが適当でない児童を公的責任で社会的に養育し，保護するとともに，養育に大きな困難をかかえる家庭への支援を行うこと」である。すなわち，児童養護施設は本来の家庭に代わる「子どもの家」という位置づけである。このほか社会的養護の類型として，児童自立支援施設，母子生活支援施設などがある。

（3）福祉事務所

福祉事務所は，社会福祉法第14条に規定される「福祉に関する事務所」を示し，福祉六法（生活保護法，児童福祉法，母子及び父子並びに寡婦福祉法，老人福祉法，身体障害者福祉法，知的障害者福祉法）に定める援護，育成または再生の措置に関する事務を行う。都道府県および市（特別区を含む）は設置が義務づけられており，町村は任意で設置することができる。

福祉事務所における支援のなかに児童福祉が含まれ，母子生活支援施設や保育所の入所手続きを行うほか，児童虐待の通告を受理し児童の安全確認を行う。

また，都道府県または市町村が設置する福祉事務所内には，家庭児童相談室設置運営要綱に基づき家庭児童相談室が設けられ，18歳未満の子どもの養育に関する相談などに応じている。専門的な心理検査・診断を必要とする場合や子どもへの虐待が疑われる場合には，児童相談所などと連携して対応する。保護者のほか，子どもの関係者，子ども本人も相談することができる。

3　司法にかかわる機関

（1）警察

国の警察機関と都道府県の警察組織は，警察法に位置づけられており，通常，学校が連携するのは，地域の警察署や交番および駐在所である。

少年に関する警察の活動としては，少年事件の捜査活動のほか，少年相談，非行防止教室などの情報発信活動，非行少年や不良行為少年の発見・補導，要

保護少年の発見，保護，通告などがある。少年相談の専門窓口として，各警察には少年サポートセンターが設置されており，カウンセリングなどの専門知識を有する少年補導職員や少年非行問題の経験豊富な警察官が，青少年，保護者，教師などから，非行防止，犯罪などの被害からの保護，いじめや虐待，その他少年の健全育成全般に関する相談を受けつけている。また「ヤングテレフォン」などと呼称される電話や電子メールによる相談窓口を設けている。

　教育相談上の連携ではないが，児童生徒へ危害が及ぶような学校内への不審者侵入といった緊急時では，警察への110番通報による対処も必要となる。

（2）少年鑑別所

　少年鑑別所は，少年法および少年院法の施行によって発足した法務省管轄の施設である。その主な役割は，家庭裁判所から観護措置の決定によって送致された非行少年を収容し，心身の状態を調査・診断することによって，非行の原因を解明して処遇方針を立てることにある。法務教官（保安，生活指導，行動観察を行う），法務技官もしくは鑑別技官（鑑別を担当する法務技官。面接，心理検査，行動観察を行う心理の専門家），医師が任にあたる。収容期間は原則2週間以内であるが，特に必要のあるときには家庭裁判所の決定により最長で8週間まで延長される。少年鑑別所処遇規則第2条では「少年鑑別所においては，少年を明るく静かな環境に置いて少年が安んじて審判を受けられるようにし，そのありのままの姿をとらえて資質の鑑別を行うように心がけなければならない」とある。この点で，少年鑑別所は非行少年を説教し罰に処する施設というよりは，むしろ非行の原因や今後どうすれば更正できるのかについて，少年自身が自分を見つめ直す場として捉えることができる。

　また，少年鑑別所は上述のような「収容鑑別」による資質鑑別だけでなく，青少年の健全育成のために法務少年支援センターとして，児童生徒本人やその保護者もしくは教員からの少年非行の問題，いじめ，不登校，知能や性格の問題，しつけや教育の問題などの相談にも応じている。こうした相談を「一般少年鑑別（一般相談）」という。一般相談も少年鑑別所の役割に含まれることを踏まえれば，学校における連携先の幅を広げることにつながるであろう。

第15章　教育相談にかかわる関係機関との連携　181

4　医療にかかわる機関

（1）病院，クリニック

　子どもの心の健康にかかわる医療機関として，精神科や心療内科の病院やクリニック（診療所）があげられる。病院は外来診療と入院措置を講じる施設だが，クリニックは外来診療のみである。精神科は精神的な疾患を治療する診療科であり，心療内科は内科領域から病気を身体面だけでなく心理面や社会・環境面を含めて心身医学的に治療する診療科である。精神科が統合失調症，うつ症状，強迫性障害，摂食障害などおおむね精神的な疾患全般を治療の対象とするのに対して，心療内科は心身症の治療を対象とする。

　子どもを専門とする病院やクリニックには児童・思春期外来があるが，こうした外来をもつ専門機関がなければ，一般の精神科や心療内科を受診することになる。しかし，子どもの診察経験が豊富な医師がいるとはかぎらず，学校としては，地域の病院やクリニックとの連携時に，そうした情報の収集も必要となる。学校の養護教諭や学校医に学外の医療機関との窓口となってもらい，状況に応じた施設を紹介してもらうこともある。

　受診が必要と判断された場合は，それを誰がどのように児童生徒や保護者に伝えるかが問題となる。医療機関を受診することは児童生徒の問題を明らかにする一方，児童生徒や保護者に受診への強い抵抗感や，病院やクリニックを紹介する学校に対する不信感を抱かせる場合もある。学校として児童生徒の様子を心配している旨を伝え，保護者の不安にも配慮しながら，受診の目的を説明することが必要となる。担任や教育相談担当の教師が付き添ったり養護教諭に協力を仰ぐなど，校内連携に基づき学校全体で対応することが求められる。

（2）精神保健福祉センター

　精神保健福祉センターは，都道府県および政令指定都市が設置する精神保健および精神障害者福祉に関する法律（精神保健福祉法）に位置づけられる公的機関である。精神障害者に関する相談業務，社会復帰施設の運営や地方における精神保健福祉に関する啓発事業の実施，調査研究といった精神保健福祉全般に関する業務を行っており，精神科医や臨床心理士などが業務にあたる。精神保健福祉に関する複雑困難な事例に対する相談業務から，アルコール関連問題および不登校，いじめ，非行など思春期精神保健に対する相談指導，心の健康

の保持・増進のための相談指導など，その相談業務は多岐にわたる。

　精神保健福祉センターは，不登校などの思春期精神保健や精神的な疾患をかかえている児童生徒の相談先の一つであり，児童生徒および保護者としては，病院やクリニックよりも抵抗なく相談できる機関と位置づけられるかもしれない。しかし，施設の紹介の際には児童生徒および保護者に対して十分な説明が必要であることは，病院やクリニックの受診を勧めるときと同様である。

第3節　連携時の留意点

1　関係機関の把握

　学校と関係機関との連携は，それぞれの立場や役割を踏まえて情報を共有し，学校が児童生徒や保護者のために必要な援助を提供できる資源の一つとして位置づけられる必要がある。こうした連携はすぐに構築できるものではなく，また信頼関係に基づく相互理解がなされていないとうまく機能しない。重要なことは，普段から学校の近隣地域で連携可能な機関の有無を把握しておくことである。しかし，関係機関の種類は極めて多く，各施設の専門的役割や連携を図るタイミングについて理解が及ばないこともある。こうした点を解消するためには，日ごろから地域の関係機関をリストアップし，実地見学などをとおして施設従事者と交流するしくみづくりをしておくことが重要である（図15-1）。その際に，学校が関係機関を知るだけでなく，関係機関にも学校がかかえる問題を知らせることで，相互に理解を深めながら連携を密にすることが求められる。

　近年では，各都道府県の教育委員会のホームページに，教育相談における連携のあり方や問題に応じた連携モデルが掲載されていることもある。たとえば，長崎県では「学校と関係機関との連携マニュアル（平成29年3月）」，神奈川県では「関係機関との連携支援モデル（平成25年3月）」といったPDFファイルをインターネット上に掲載している。これらは，各都道府県の学校と地域の関係機関との連携のしくみを理解する手がかりとなるであろう。

　基本的に同じ問題であれば，各地方自治体で対応する機関はさほど変わらない。たとえば，「発達・学習など教育全般についての相談」を長崎県と神奈川

県で比較すると，両県とも県の教育センターや特別支援学校が連携先となるのは共通している。しかし，長崎県では発達障害者支援センターや県立こども医療福祉センター，神奈川県では市町村教育相談センターがあげられている。さらに，神奈川県の市町村教育相談センターでは，市町村により対応できる内容に違いがある旨が記されている（表15-3）。このように，同じ問題でも地域によって相談する窓口が多少異なる場合がある。

　また，同じ問題であってもその背景要因によって連携先が異なる場合もある。伊藤美奈子は不登校を例にあげ，いじめによる不登校であれば教育センターの相談室などを紹介する，不登校の背後に非行の問題があれば警察の少年課の窓口に相談する，保護者による虐待が疑われる不登校であれば児童相談所に通告する，発達障害の二次障害による不登校であれば医療機関の受診を促すといった例を示している。このように，複数の機関から背景要因に応じて適当な連絡先を検討しなければならない場合もある。学校や教師は，自らの地域の連携先を問題別によく把握しておくことが必要となる。

　近年では，小1プロブレム，中1ギャップといった学校種間の接続にかかわる問題もあり，児童生徒が以前に就学していた保育所や幼稚園，小学校，中学校との情報共有も必要とされるなど，各種機関との幅広い連携が求められる。

2　連携における保護者との連絡調整

　児童生徒の問題解決を関係機関に委任する場合でも，学校は保護者との関係が途切れるわけではない。経過について学校側が把握する情報は保護者へ提供する，保護者のもつ児童生徒の情報は共有するといった関係性を構築・保持することが重要である。可及的速やかな関係機関への委任が必要となる場合でも，保護者への連絡ならびに同意がないかぎり委任は困難である。保護者に対して，学校がきちんと対応できないので関係機関に自分の子どもを追いやろうとしているのではないかという不信感を抱かせることが一番の問題である。

　児童生徒のかかえる問題に対して，関係機関も含めた「開かれた連携」を行う際には，教師や学校は，児童生徒の保護者も連携対象に含まれていることを改めて認識する必要がある。保護者との連携をとるための連絡調整は必須である。関係機関への問題の委任は，教師や学校が連携先に児童生徒の問題を丸投

【気になる児童生徒の様相（例）】
- □ 嫌なことがあると物を投げたり，物を壊したりする。
- □ 作文や日記などに発達段階を超えた異様な表現がみられる。
- □ 頻繁にうそをつき，そのことを決して認めない。
- □ 髪形や服装が急変している。
- □ 周りの児童生徒が当該児童生徒の顔色を窺って行動している。
- □ 学級の中で孤立し，表情が出ない。
- □ 残酷な場面や性的場面を表現した本や映像に異常な興味を示している。
- □ 保護者との関係が思わしくない（過干渉，放任等）。

 問題事案として把握

学校全体において情報の共有・支援の検討

 事案の解決（改善）がなされない

- ・本人の行動の要因がわからない・はっきりしない
- ・他の児童生徒に影響が及ばないか心配
- ・保護者の理解・協力が得られない　など

躊躇することなく**相談**

※児童生徒を関係機関につなぐことは，本人を判定したり，レッテルを貼ることではなく，児童生徒の人間としての成長と発達を支援するという視点に立ち，将来，児童生徒がよりよく生きるためであり，問題を起こさせない，加害者も被害者も出さないための支援であると意識することが必要です。

所管の教育委員会等

学校の取組やその結果などの報告を行い，今後の対応について助言を受ける（関係機関の紹介等）

 関係機関へつなぐ
　　関係機関への抽象化，一般化（匿名等）した相談，支援の要請

| 市町福祉部局・県福祉事務所・児童相談所 | 警察署 | 県教委センター・市町の教育機関 | 保健所・医療機関 |

①各関係機関は，学校が抱える事案の相談を受け，一般的な助言を行う。
②警察や児童相談所の判断によっては，通告として緊急の支援が開始される場合がある。
③市町福祉部局に要請して，要保護児童対策地域協議会個別ケース検討会議が開催される場合がある。その際，複数の関係機関との情報の共有と連携した支援についての検討が行われる。
④県教育センター・市町教育機関や保健所・医療機関は，保護者の同意のもと，学校と連携した支援を行う。

図 15-1 学校が学外関係機関と連携する際のフロー図の例

（出典：長崎県教育委員会「学校と関係機関との連携マニュアル」をもとに作成）

第15章　教育相談にかかわる関係機関との連携　185

表15-3　長崎県と神奈川県の「発達・学習など教育全般についての相談」の連携先の比較

長崎県	
機関名	主な職務内容
県教育センター	子どもの学校教育や家庭教育に関するさまざまな悩みに対応。 幼児，児童生徒，保護者，教職員対象の電話・来所による相談。 センターから学校（園）を訪問し行動観察やケース会議を通して行う訪問支援，研修会講師など。
特別支援学校	支援の必要な児童生徒に対する個別の指導計画・個別の教育支援計画についての助言。 幼稚園・保育園・認定こども園・小学校・中学校・高等学校の教職員や保育士に対する研修の協力など。
発達障害者支援センター	発達障害により支援を要する児童生徒や家族に関する窓口。ニーズに応じた関係機関を紹介。
長崎県立こども医療福祉センター	発達障害，心身症，神経症などにより支援を要する児童や家族に関する窓口。診断・評価を行い，発達に応じた訓練・療育を行う。
神奈川県	
市町村教育相談センター	発達，行動，学校生活等の教育に関する相談に対応。※市町村により対応できる内容に違いがあるので事前に把握しておくとよい。
県総合教育センター	3歳から18歳までの子どもの学校教育や家庭教育に関するさまざまな悩みに対応。 児童・生徒，保護者，教職員対象の電話・来所・Eメールによる相談。 センターから学校訪問し，行動観察とケース会議への出席をする要請訪問相談（電話・指定の書式による申込み）。 月に1回程度の精神科医による相談（事前予約）。 カリキュラムコンサルタント（研修会講師）など。
特別支援学校	支援の必要な児童・生徒に対する個別の指導内容・方法についての助言。 小中学校の教職員に対する研修の協力など。

（出典：長崎県は「学校と関係機関との連携マニュアル」，神奈川県は「関係機関との連携支援モデル」をもとに作成）

げることではない。関係機関との連携は学校の責任放棄ではなく，むしろ児童生徒および保護者にとって最善の利益を考えての選択であるとの説明が必要であるし，連携した後であっても，児童生徒の保護者と問題解決への共通認識の維持に留意し続けることが大切と考えられる。

●参考文献
春日井敏之・伊藤美奈子（編著）　2011　よくわかる教育相談　ミネルヴァ書房
津川律子・山口義枝・北村世都（編）　2015　Next教科書シリーズ 教育相談　弘文堂
中山巖（編著）　2001　学校教育相談心理学　北大路書房

索 引

■ア行

ICD-10　68

愛着（アタッチメント）　20

アイデンティティ（自我同一性）　33

アイデンティティの拡散　33

アイビイ（Ivey, A.）　99

アセスメント　69, 133, 146

アドラー（Adler, A.）　85

アドラー心理学（個人心理学）　85

アニミズム　23

家近早苗　151

育児不安　165

石川悦子　148

石隈利紀　133, 151

いじめ　108, 114

伊藤美奈子　183

インクルーシブ教育　55

飲酒　111

インテーク面接　97, 136

インテグレーター　16

WISC　139

WPPSI　139

WAIS　139

ウェクスラー式知能検査　139

SNS（ソーシャルネットワークサービス）　39

SCT（文章完成法テスト）　137

MMPI（ミネソタ多面人格目録）　137

エリクソン（Erikson, E. H.）　23, 33, 92

エリス（Ellis, A.）　90

遠城寺式・乳幼児分析的発達検査法　139

大野久　38

■カ行

外国籍の家族　169

開発的教育相談　15

カウンセリング　95, 104

カウンセリング・マインド　83

学習指導要領　29, 130

学習障害（LD）　52

学級崩壊　111

感覚運動期　22

管理職　156

喫煙　111, 114

気分障害（躁うつ病，うつ病）　73

基本的信頼感　26

ギャングエイジ　28

教育委員会　174

教育支援センター（適応指導教室）　123, 126, 127, 177

教育センター　123, 176

教育相談　8, 95, 103

教育相談係　154

教育相談コーディネーター　149

共感的理解　89, 96

強迫性障害　75

緊急支援　17

勤勉性　28

具体的操作期　22

クライエント　95

クリニック（診療所）　181

索　引　187

警察　179

形式的操作期　22

傾聴　89, 99

限局性学習障害（SLD）　52

高機能自閉症　48

行動観察　136

校内連携　153, 159

合理的配慮　55

コーディネーション　161

国際生活機能分類（ICF）　63

誤信念課題　50

個別指導計画　66

コンサルテーション　146, 161

■サ行

サリヴァン（Sullivan, H. S.）　37

シェイザー（Shazer, S.）　93

自己一致　89, 96

自殺　109

思春期　31

自傷行為　107

質問紙法　137

児童期　28

児童虐待　170

児童相談所　123, 178

児童養護施設　178

篠竹利和　133

柴田恵津子　151

自閉症スペクトラム（ASD）　48

シャルコー（Charcot, J. M.）　84

習癖　107

出席停止　108

守秘義務　11, 96, 105, 148

小1プロブレム　29, 183

障害者差別解消法　57, 61

少年鑑別所　180

自律性　26

身体的虐待　170

新版K式発達検査　139

親友　37

心理教育的援助サービス　130, 131

心理検査法　136

心理的虐待　170

心理的離乳　36

心理療法　95

進路選択　35

スキーマ　94

スクールカウンセラー（SC）　9, 15, 113,
　　123, 141, 157

スクールソーシャルワーカー（SSW）
　　15, 113, 123, 145, 158

ステップファミリー　168

ストレングスモデル　80

性　37

性格検査　137

生活療法　76

精神疾患　67

精神分析　84

精神保健福祉センター　181

精神療法　76

生態学的発達モデル　130

性的虐待　170

生徒指導　12

生徒指導主事　155

生徒指導提要　8, 12, 153, 154, 155, 156,
　　158, 159, 160

性欲（リビドー）　23

積極性（自主性）　26

摂食障害　31, 74

前操作期　22

相談室　123

素行障害　46

■タ行

第一次反抗期　26

第二次性徴　31, 38

第二次反抗期　36

多動性 - 衝動性　45, 46

知能検査　137

注意欠如多動性障害（ADHD）　44

中1ギャップ　39, 121, 183

中途退学　109

長期欠席　108

通級　57

TEG（東大式エゴグラム）　137

TAT（絵画統覚検査）　137

DSM-5　44, 48, 49, 63, 68, 78

デートDV　38

てんかん　74

投影法　137

統合失調症　73

ドーパミン　45, 67

特別支援学級　57, 62

特別支援学校　57, 177

特別支援教育　13, 57

特別支援教育コーディネーター　62, 155

ドメスティック・バイオレンス（DV）　38

■ナ行

乳児期　25

認知行動療法　90

認知の歪み　90

ネグレクト　170

■ハ行

バーグ（Berg, I. K.）　93

バーンアウト（燃え尽き）　19

バーンズ（Burns, D.）　90

ハヴィガースト（Havighurst, R. J.）　23

パヴロフ（Pavlov, I. P.）　90

発達　20

乳児期　25

発達課題　23, 25, 26, 28

発達検査　139

発達障害　13, 43, 57, 59, 78, 112, 118, 142,
　　　178, 183

発達性協調運動障害（DCD）　53

パニック障害　74

バロン＝コーエン（Baron-Cohen, S.）　50

反抗挑戦性障害　46

反射　89

反社会的行動　107

ピアジェ（Piaget, J.）　22

P-Fスタディ（絵画欲求不満テスト）　137

PDCAサイクル　148

非指示的カウンセリング　88

非社会的行動　107

ひとり親家庭　166

ビネー式知能検査　139

病院　181

複雑性トラウマ　75

福祉事務所　179

不注意　44, 46

不登校　115, 118, 142

不登校対策委員会　124, 127

フランクル（Frankl, V. E.）　86

索　引　189

ブリーフセラピー　92
フロイト（Freud, S.）　23, 84
プロモーター　16
ブロンフェンブレンナー
　　（Bronfenbarenner, U.）　130
ベック（Beck, T.）　90
防衛機制　84
暴力行為　107, 114
ボウルビィ（Bowlby, J.）　21
保健室　14, 123
保護者支援　162
ポジションペーパー　160
保存の成立　23

■マ行
マーラー（Mahler, M.）　21
マイクロカウンセリング　99
マターナル・ディプリベーション（母性
　　愛剥奪）　21
松岡靖子　145
万引き　111, 114
無条件の肯定的配慮　89, 96
面接法　136
モラトリアム　33

問題解決的教育相談　16
問題行動　106

■ヤ行
薬物療法　76
養護教諭　13, 63, 123, 156
幼児期　26
幼稚園教育要領　29
予防的教育相談　15

■ラ行
来談者中心療法　87
ラポール　96, 105, 136
リベンジポルノ　40
恋愛　37
連携　10, 123, 153, 173
ロールシャッハテスト　137
ロゴセラピー（実存分析）　86
ロジャーズ（Rogers, C.）　83, 87

■ワ行
YG性格検査（矢田部・ギルフォード
　　性格検査）　137

編　者

藤田　主一　　前日本体育大学スポーツ文化学部

齋藤　雅英　　日本体育大学スポーツ文化学部

宇部　弘子　　日本体育大学児童スポーツ教育学部

市川　優一郎　日本体育大学体育学部

執筆者

宇部　弘子（第 1 章）　　編　者

星野真由美（第 2 章）　　育英大学教育学部

伊藤　令枝（第 3 章）　　日本大学理工学部

市川優一郎（第 4 章）　　編　者

鈴木　悠介（第 5 章）　　東京都立高島特別支援学校

藤平　和吉（第 6 章）　　群馬大学医学部附属病院精神科神経科

板垣　文彦（第 7 章）　　亜細亜大学経営学部

岡部　康成（第 8 章）　　帯広畜産大学畜産学部

三村　　覚（第 9 章）　　大阪産業大学スポーツ健康学部

藤田　主一（第10章）　　編　者

田中　未央（第11章）　　敬愛大学教育学部

陶山　　智（第12章）　　亜細亜大学経営学部

齋藤　雅英（第13章）　　編　者

齊藤　　崇（第14章）　　淑徳大学総合福祉学部

亀岡　聖朗（第15章）　　桐蔭横浜大学スポーツ健康政策学部

こころの発達によりそう教育相談

2018 年 3 月 31 日　初版第 1 刷発行
2021 年 4 月 10 日　　　第 3 刷発行

編著者　　藤田主一・齋藤雅英・宇部弘子・市川優一郎
発行者　　宮下基幸
発行所　　福村出版株式会社
〒 113-0034　東京都文京区湯島 2-14-11
電話　03-5812-9702　FAX　03-5812-9705
https://www.fukumura.co.jp
印刷　株式会社文化カラー印刷
製本　協栄製本株式会社

©S. Fujita, M. Saito, H. Ube, Y. Ichikawa　2018
Printed in Japan
ISBN978-4-571-24067-6 C3011
定価はカバーに表示してあります。
乱丁・落丁本はお取替えいたします。

福村出版◆好評図書

藤田主一・齋藤雅英・宇部弘子・市川優一郎 編著
生きる力を育む生徒指導
◎2,300円　ISBN978-4-571-10184-7　C3037

生徒指導の重要概念や教師が直面する具体的な問題について解説。平成29年告示学習指導要領に対応。

藤田主一・齋藤雅英・宇部弘子 編著
新 発達と教育の心理学
◎2,200円　ISBN978-4-571-22051-7　C3011

発達心理学，教育心理学を初めて学ぶ学生のための入門書。1996年初版『発達と教育の心理学』を全面刷新。

藤田主一 編著
新 こころへの挑戦
●心理学ゼミナール
◎2,200円　ISBN978-4-571-20081-6　C3011

脳の心理学から基礎心理学，応用心理学まで幅広い分野からこころの仕組みに迫る心理学の最新入門テキスト。

藤田主一・板垣文彦 編
新しい心理学ゼミナール
●基礎から応用まで
◎2,200円　ISBN978-4-571-20072-4　C3011

初めて「心理学」を学ぶ人のための入門書。教養心理学としての基礎的事項から心理学全般の応用までを網羅。

藤田主一・楠本恭久 編著
教職をめざす人のための教育心理学
◎2,200円　ISBN978-4-571-20071-7　C3011

教職をめざす人のための「教育心理学」に関する基本テキスト。教育心理学の最新情報が満載の必読書。

日本応用心理学会 企画／藤田主一・浮谷秀一 編
現代社会と応用心理学 1
クローズアップ「学校」
◎2,400円　ISBN978-4-571-25501-4　C3311

目まぐるしく変化する現代社会に対応を迫られる学校。現場で何が起きているのか，「こころ」の問題を探る。

日本青年心理学会 企画／大野 久・小塩真司・佐藤有耕・白井利明・平石賢二・溝上慎一・三好昭子・若松養亮 編集
君の悩みに答えよう
●青年心理学者と考える10代・20代のための生きるヒント
◎1,400円　ISBN978-4-571-23057-8　C0011

悩みを抱く青年を応援すべく，心の専門家がQ＆A形式で彼らの悩みに答える。進路指導・学生相談にも最適。

◎価格は本体価格です。